KINTSUGI
del alma

Montena

Penguin
Random House
Grupo Editorial

Kintsugi del alma
La reconstrucción del corazón

Primera edición: noviembre de 2023

D.R. © 2023, Lesslie Polinesia
G73, S.A. DE C.V.

D. R. © 2023, derechos de edición mundiales en lengua castellana:
Penguin Random House Grupo Editorial, S. A. de C. V.
Blvd. Miguel de Cervantes Saavedra núm. 301, 1er piso,
Colonia Granada, alcaldía Miguel Hidalgo, C. P. 11520,
Ciudad de México

penguinlibros.com

Diseño y maquetación: VIBO CREANDO
fotografía de portada: © Rubén Márquez

ISBN: 978-607-383-809-2

ÍNDICE

INTRODUCCIÓN

Somos seres cuya alma solo evolucionará tras el aprendizaje, y a lo largo de la vida, muchas veces sin saberlo, atraemos a otros que nos ayudarán a entender qué es lo que venimos a trabajar. Cuando las cosas no salen como esperamos, vemos la experiencia como un obstáculo; sin embargo, cada vez que suceda y no tengamos un aprendizaje, nuestra energía nos volverá a poner en una situación similar, incluso en una más fuerte. Lo que me queda claro es que tenemos la voluntad de elegir cómo pasar cada reto que se nos presenta. Con frecuencia nos preguntamos por qué nuestros amigos o pareja llegan en momentos específicos, y en otros queremos saber por qué nos alejamos de nuestros seres queridos; en el primer caso es porque tenemos una conexión más allá de lo espiritual, y en el otro es porque estamos vibrando en frecuencias distintas; eso no está mal, porque no hay nada de malo en evolucionar y no ser siempre la misma persona. Evolucionar es parte de la vida, es un aprendizaje que no termina y para ello también hay seres que solo nos acompañan en instantes específicos.

Por eso hoy quiero compartirte mi historia. Todos venimos a este mundo a algo. Quizá mientras nos llenamos de experiencias no tenemos claro cuál es la finalidad de todo aquello que la vida nos pone en el camino, no sabemos cuál es nuestro propósito y muchas veces no entendemos el porqué de las cosas. Con el tiempo me he dado cuenta de que el mío es amar y ser feliz. Durante años busqué el amor, lo di a manos llenas, esperé que me amaran con la misma fuerza y entrega con que yo amaba, a veces funcionó, otras no, pero jamás he dejado de pensar que a eso vine: amar es lo que define quién soy. Estar en la búsqueda constante de mi plenitud más que de mi felicidad, porque la felicidad es efímera y la plenitud es un estado mental donde pasamos más tiempo en equilibrio con nosotros mismos.

En cada situación siempre hay dos perspectivas, dos puntos de vista que nacen desde el origen de cada quien, sus creencias, su educación, sus sueños y la manera en que muestra sus sentimientos y se relaciona. Nadie es perfecto, somos producto de tantas cosas que nos definen que no hay verdades absolutas porque cada quien vive las historias de forma diferente. Cada quien decide cómo amar, cómo hablar de ese amor y también cómo sanar. Si hoy estoy aquí es porque estoy lista para contarte mi historia, para que sepas que, aunque a veces nos da miedo decir en voz alta lo que estamos viviendo, no estamos solas.

Como muchos, idealizaba el amor, pensaba que amar era darlo todo, fui infiel conmigo misma por aferrarme a esta construcción social, por no leer las letras chiquitas. En esas letras tan diminutas te dicen que quizás el amor dolerá, pero no te explican que conforme creces te ilusionas con una fantasía, idealizas un amor que no existe, te llevas decepciones porque normalizas conductas que son todo menos amor, y piensas que esas falsas creencias te llevarán al amor del cuento de hadas o al felices para siempre. He aprendido que el amor es estar en tu centro, en la plenitud de ti misma, en ser genuina contigo, fiel a ti, a tus ideales, tus pensamientos y valores, es amarte como nadie más podría hacerlo. Es aprender, evolucionar, agradecer cada momento bueno o malo, valorar las enseñanzas, perdonar los errores humanos y nunca perder la capacidad de amar.

Esta es una historia de amor y quizá también de desamor y dolor, pero es más una historia de aprendizaje y descubrimiento: el de darme cuenta de que el amor verdadero existe, y es conmigo misma.

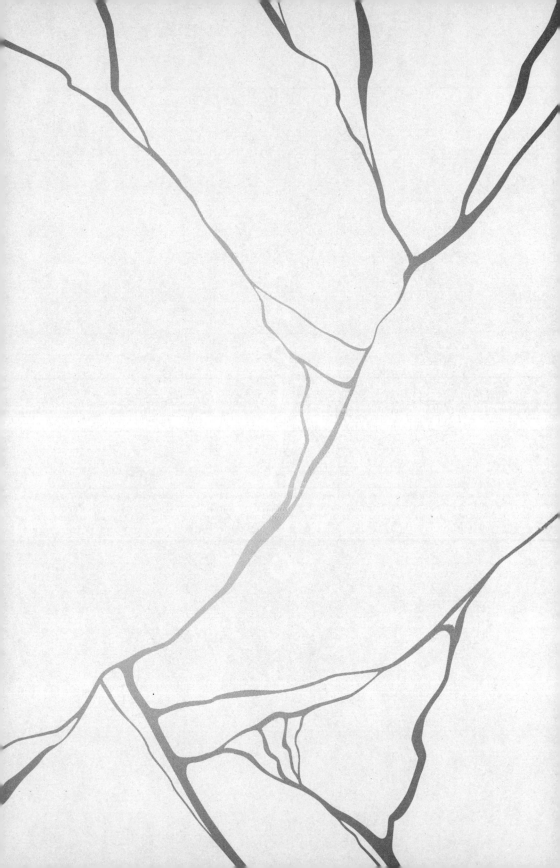

CAPÍTULO

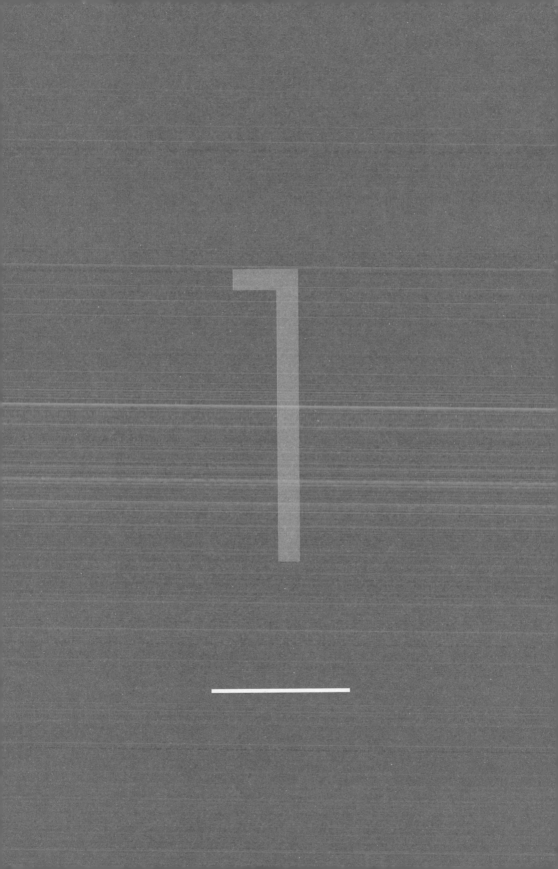

Nunca nadie te dice que de repente, de un día para el otro, tu vida puede cambiar de forma radical, que ya no serás la misma, que el suelo puede moverse bajo tus pies o el aire producirte la sensación de que vas a volar, o que una burbuja se rompe y es probable que te caigas a una velocidad que no imaginabas, porque es eso lo que pasa cuando estás enamorada. Y el amor no se planea, simplemente sucede, te lleva a situaciones que nunca te pasaron por la mente, sientes todo con mayor intensidad, te cuestionas, aprendes a vivir de otra manera y poco a poco descubres que la vida se trata de eso, de aprender.

Nos hemos acostumbrado a condicionar el amor: si me das, te doy. Y no es así, se trata de ponernos en primer lugar para recibir el amor más puro y compartir desde ahí, sin pedir imposibles o algo que aún no existe porque la otra persona no ha encontrado el suyo en sí misma. Hay reciprocidad, es cierto, pero tenemos que saber distinguir entre eso y la exigencia, únicamente porque queremos de vuelta lo que ya dimos. Querer y amar son actos que vienen desde uno y, si se comparten, qué bien, y si no, no pasa nada. También sucede que cuando damos amor de forma desinteresada y desde lo más profundo de nosotros, el amor regresa, quizá no de la misma manera o como uno desearía, pero vuelve. Y estos regresos se dan cuando menos lo esperas, cuando ya bajaste los brazos después de tanto esfuerzo, el día que te abrazas a ti porque te amas y eres capaz de descubrir la felicidad de forma diferente.

Mi historia se dio más o menos así, perfecta en su imperfección; me hizo quien soy ahora. Me llenó de aprendizajes difíciles y hermosos, porque la vida se trata de eso.

———

La alarma de mi teléfono sonó, ¿en qué momento se me hizo tan tarde? Intenté empacar lo más rápido que pude, siempre soy la más puntual y organizada de los tres, y por ese rasgo de perfección a veces se me va el tiempo. Quería que todo saliera perfecto, eran nuestras vacaciones, aquellas serían las más especiales porque celebraríamos la vida de una de las personas a quienes más amo, mi hermana, y por fin nos merecíamos un descanso en medio de tanto caos e incertidumbre en el mundo durante los últimos meses. Revisé que todo estuviera en orden, desde mi boleto de avión hasta las *playlists* para las actividades que habíamos planeado, entonces salí corriendo para subirme al coche, yo era la única que faltaba para irnos.

—¿Qué onda, Less?, si te tardabas un minuto más, íbamos a dejarte —bromeó mi hermana.

Estaba a punto de subir mi maleta, cuando algo llamó mi atención: una libélula volaba muy cerca de mí. Casi nunca se ven libélulas en la ciudad, por eso me asombró y porque, aunque no soy una persona que cree en las supersticiones, la libélula es mi animal de la fuerza, me da paz y me hace sentir que todo estará bien. Si una libélula llegó a mí en ese preciso momento era porque ese viaje tendría algo especial.

—¡Less!, ¡la maleta! —exclamó mi hermano—, hay que irnos superrápido o perderemos el avión, ¿lista?

Salí de mis contemplaciones y me subí al coche, me puse los audífonos y traté de descansar durante el camino. No sabía por qué pero el corazón me latía muy fuerte, estaba emocionada, no solo por el cumpleaños de mi hermana, sino porque también deseaba tener contacto con la naturaleza, darme un respiro de la rutina tan ajetreada. Los tres comenzábamos a planear uno de los proyectos más importantes de nuestras vidas y los últimos viajes habían sido exclusivamente por trabajo. Desconectarme era necesario, además de que me entusiasmaba la idea de ir a Puerto Todos Santos. No entendía por qué no había ido, si todos mis amigos y varios familiares hablaban de lo fantástico que era, con su aire místico, el turismo, las tradiciones, la gastronomía y la naturaleza. Un día, mi hermana nos dijo que quería celebrar su cumpleaños ahí y eso hicimos, planeamos una escapada solo nosotros tres con amigos muy cercanos, deseábamos que esos días fueran inolvidables. Ya en el avión, poco después de despegar, comencé a quedarme dormida y estoy segura de que hubiera caído en un profundo sueño si mi hermano, que estaba sentado a mi lado, no me hubiera dicho:

—¿Qué te pasa, Less?, estabas sonriendo dormida.

—Nada —le respondí—, es que antes de salir vi una libélula, hacía años que no veía una, y creo que ahorita comenzaba a soñar con ella.

—Pues prepárate porque programamos hacer una ruta de exploración por la montaña, y si hay tiempo también iremos a la playa, estas vacaciones verás todo tipo de animales.

Volví a sonreír. Lo primero que les dije cuando planeamos ese viaje era que necesitaba descansar, tener pocas emociones fuertes, mucha meditación, internet limitado y recargar pilas sin que nada ni nadie me desconcentrara. Cada vez que viajamos somos muy cuidadosos, por nuestro trabajo que implica estar expuestos a muchísima gente, los viajes pueden salir de maravilla o todo lo contrario. A veces las personas son muy cariñosas y, aunque eso nos gusta, a quienes están alrededor no, incluso ha habido momentos en que deben cerrar un restaurante o tienda porque incomodamos a los demás. Por eso habíamos planeado esto con mucho cuidado, más naturaleza que lugares públicos, tiempo para nosotros tres y nuestros amigos más cercanos. La finalidad era hacer de esos días algo místico e inolvidable, que no se pareciera a algo que ya hubiéramos experimentado. Y así fue.

Los primeros días nos dedicamos a recorrer la ciudad con discreción, fuimos a algunos pueblitos cercanos a Puerto Todos Santos, visitamos las iglesias, probamos muchísimos platillos, pude meditar, descansar el tiempo que yo quise y también seguirle el ritmo a mi hermano, que es imparable. Me llamó la atención que había personas de todo el mundo, escuchaba muchos idiomas diferentes, pero también había lugares totalmente quietos, que me producían mucha paz por estar en absoluto silencio.

Fue al tercer o cuarto día del viaje que las cosas se precipitaron. Mi amigo Alonso vive en Puerto Todos Santos desde hace varios años, así que él nos ayudó con la planeación de las actividades y, desde que pusimos un pie ahí estuvimos de un lado a otro. Hasta ese momento no habíamos hecho una fiesta como tal para mi hermana.

—Tengo el lugar ideal —dijo Alonso—, es la terraza de un hotel, voy a pedir que reserven para nosotros, así no corremos el riesgo de que se den cuenta de que ustedes están aquí y haya restricciones por la cantidad de personas que podrían entrar a verlos.

La idea nos pareció perfecta, únicamente estaríamos familia y amigos. Alonso se movilizó y hasta consiguió un pastel. Justo acabábamos de llegar, cuando vi que se fue a hablar por teléfono a un rincón de la terraza. Mientras terminaba, yo estaba concentrada en la vista de la ciudad, era hermosa; desde ahí Puerto Todos Santos me parecía uno de los lugares más mágicos que había visitado en toda mi vida.

—¿Qué pasó? —le pregunté—, ¿hay algún problema?

—No, nada. Estaba hablando con uno de los dueños. Preguntaba que por qué tanto alboroto, no suelen prestar esta terraza para eventos privados pero ya le expliqué por qué tenía que ser así.

—¿Entonces?, ¿nos vamos o...?

—No, al contrario, quiere que nos sintamos cómodos. Es más, dice que viene en un momento a saludar y darnos una cata de tequila, por si no hemos probado el de la región.

Menos mal, pensé. Por lo regular nos pasaban estas cosas cuando los lugares se llenaban si alguien decía que estábamos ahí. Decidí relajarme e ir con mis hermanos, no quería perderme cuando mi hermana cortara el pastel. Estaba platicando con unos amigos cuando un muchacho que trabajaba en el hotel puso unos *shots* en la mesa.

—Son para ustedes, es la cata de tequila —dijo—, ahorita viene el dueño, quiere saludarlos y explicarles más sobre destilados.

Le dimos las gracias y él nos sonrió, mientras servía unas rebanadas de naranja y la sal de gusano. Nunca he sido aficionada al tequila, lo había probado pero no era fan, sin embargo, sería una grosería que no lo tomáramos. Ni le había dado el primer trago, cuando todo lo demás sucedió: la suerte, el azar, el destino, no sé qué parte del universo hizo de las suyas. Lo conocí, ahí estaba, era Él. Lo primero que percibí fue su porte, me llamó la atención su seriedad, que a veces interrumpía con una sonrisa, llevaba el cabello un poco largo, oscuro, que contrastaba con su ropa clara; usaba lentes de sol, pero cuando me dio el trago se los quitó, entonces pude verlo tal y como comenzaría a recordarlo. Era una persona muy amable, nos explicó todo sobre los destilados, la bebida como tradición, con qué alimentos combinarlos, la diferencia entre los tipos de tequila. Tenía una voz suave, una sonrisa cálida que me dirigió un par de veces. Cuando el sol se ocultó por completo y las estrellas comenzaron a salir, nos despedimos.

—Vengan cuando quieran —dijo Él antes de que mis hermanos y yo abandonáramos la terraza—, este espacio reservado y con una hermosa vista es para ustedes.

A veces no nos damos cuenta de lo importantes que son ciertos momentos, pero nos preguntamos por qué las cosas se dan así sin que las busquemos, en los lugares menos esperados. Ese viaje estaba siendo especial porque representaba tiempo de calidad con mis hermanos, ellos y yo pasamos por todo juntos y nos entendemos a la perfección, pero somos extremadamente distintos, no siempre estamos de acuerdo y que algo nos guste al mismo tiempo es una anomalía, pero estaba sucediendo en Puerto Todos Santos, por eso mi atención se concentró en pasármela bien con ellos sin que lo demás importara. El asunto es que lo demás sí estaba importando, y quedó claro la noche siguiente.

Alonso nos llevó a la misma terraza, dijo que nos la habían prestado para soltar globos de Cantolla durante la cena.

—Okey, pero algo tranquilo, sin desvelarnos —dijo mi hermano—. Mañana nos regresamos a la Ciudad de México y no hay que arriesgarnos a perder el vuelo.

A veces me daba risa que uno siempre tomaba el rol del responsable, en esta ocasión parecía ser mi hermano. Mi hermana estaba muy en su rollo de celebrar al máximo y conectar con la naturaleza y yo en el mío de pasármela bien, sin preocupaciones. Luego de un rato, por fin pudimos ponernos de acuerdo para lanzar el globo y se elevó muy bien, por encima de las luces de la ciudad. La escena parecía de película, todos nos reíamos relajados, la estábamos pasando increíble y era la despedida perfecta de esos días mágicos. Entonces llegó Él. Nos saludó, nos preguntó si todo era de nuestro agrado, si necesitábamos algo más o cómo podía atendernos. De nuevo Alonso le dio las gracias y dijo que todo estaba perfecto. Él se sentó del otro lado de la mesa, a unos cuantos lugares de mí, pero sentía el peso de su mirada, a veces volteaba a verlo casi por descuido, tratando de ser discreta y me encontraba con sus ojos. Sentía un enorme magnetismo, no podía evadirlo pero tampoco sonreírle, algo me paralizaba y no sabía qué, porque no era tímida en lugares donde podía estar relajada y en confianza. Estaba segura de que nadie me había mirado de esa forma antes, con tanta intensidad. Quería descifrar si su mirada era seductora, misteriosa, si había una intención ahí o por qué me hacía sentir de esa manera; algo inusual pues antes nunca me había importado cómo me vieran los demás, pero es que con Él todo fue distinto desde el primer momento.

—Less... ¿te pasa algo? —me preguntó mi hermana cuando me notó un poco rara.

—Eh... no... no... todo bien... —balbuceé.

—Ja, ja, ja, ¡estás borrachita! —se rio cuando vio el trago delante de mí—. Ay, Less, si ya sabes que no tomas, para qué andas probando.

Le dije que sí para que no me notara nerviosa y poder librarme de su interrogatorio, porque si se quedaba dos minutos conmigo iba a adivinar a qué se debía que me sonrojara tanto.

—Vente, vamos a bailar y así se te baja —dijo mi hermana y me jaló con ella a un espacio donde poco a poco se nos unieron más amigos.

Así estuvimos un rato hasta que llegó la cena. Me di cuenta de que el único lugar disponible era frente a Él. Ya sentía menos pena, sabía que después de esa noche regresaríamos a casa y no volvería a verlo, así que me senté, le sonreí y empecé a comer. De repente, Él y yo ya estábamos platicando. La conversación se dio de manera natural, fluida, me sentí en confianza como pocas veces mientras su voz me envolvía, y así estuvimos un par de horas, o no sé cuánto tiempo, compenetrados en una plática que parecía no terminarse.

—Como que la música está un poco aburrida, ¿no? —le dije.

—Yo estoy poniéndola —respondió, ahora sí, un poco más serio. Solté una carcajada espontánea, al igual que mi comentario.

—Ay, no puede ser, dame eso —le dije y rápidamente, sin que pudiera evitarlo, tomé su teléfono—. A ver, voy a poner una *playlist* mejor o nos moriremos de sueño con tus canciones.

Y en un arrebato, me salí de la app de música y comencé a teclear mi número. Yo estaba decidida a que nunca me olvidara, así que lo registré de una forma muy curiosa, como "El amor de tu vida".

—¿Qué haces?

—Nada, solo estoy poniendo una canción.

Entonces le regresé su celular y me alejé un poco para mandarle un mensaje que decía:

"Me llamo Yadid, que significa 'el amor de tu vida'. Un gusto".

De repente me di cuenta de que el magnetismo que él ejercía en mí sin que yo pudiera evitarlo, también lo ejercí en él pero de una forma diferente, con ese arrebato al ser alguien que normalmente no soy, dándole mi número con el significado de mi nombre y totalmente consciente de que se *shockearía*, arriesgándome a algo que en otras circunstancias jamás hubiera hecho.

Todo sucedió muy rápido, Él sonrió apenas ver el mensaje, no supe si porque pensaba que le estaba coqueteando o estaba asombrado porque antes me había visto como una persona un poco más seria.

—¿Llego a tiempo? —escuché una voz femenina. Una mujer muy guapa, delgada, rubia y con ropa sencilla, se acercó a Él y de repente le dio un beso en la boca , pensé que no te alcanzaría.

—Eh... no... todavía es temprano —respondió algo nervioso. Seguramente no esperaba que ella llegara porque me di cuenta de que durante un par de segundos volteó a verme sin saber qué hacer.

La mujer se sentó en mi lugar, entonces yo me senté en otra silla y pude verla mejor y hasta escucharla. Tenía un acento distinto, evidentemente era extranjera, se veía mayor que nosotros, incluso que Él, después supe que se llamaba Camille. Se me hizo guapa, tenía poco maquillaje y se desenvolvía con mucha soltura, saludaba a los muchachos que trabajaban ahí y les pidió un par de tequilas para ella y otro par para Él. Quizás por los nervios, Él se tomó uno muy rápido y después otro. Entonces, observándolos, pensé que era obvio que tenían algo, para qué hacerme ideas cuando Él simplemente había sido amable conmigo porque era el dueño del lugar. ¡No, Lesslie, siempre ilusionándote a la primera!, dije en mi mente. Hay cosas que no tienen que explicarse para que todo el mundo las dé por hecho. Como cuando dos personas tienen un romance: el lenguaje corporal es otro, la cercanía, los gestos, la voz; no son las palabras sino la poca distancia, la confianza y el tacto. Camille y Él estaban juntos, de eso no había duda.

—¡Vamos a hacer un juego de verdades o retos! —exclamó mi hermana—, es nuestra última noche aquí y no podemos irnos sin tener el último momento de diversión.

¡Por fiiin!, pensé, así me distraería de lo que acababa de pasar por malinterpretar la amabilidad de Él. Durante un rato así estuvimos, nosotros en lo nuestro, jugando, algunos se tomaban de vez en cuando un trago pero yo no, de por sí casi no me gustaba el alcohol y menos sabiendo que al día siguiente tomaríamos un vuelo temprano, pero Él y Camille, que no participaron en el juego, se quedaron sentados bebiendo; de reojo pude ver que Él casi no hablaba, tomaba en silencio, Camille estaba supercerca, lo tomaba de la mano y quizá le platicaba algunas cosas que no le interesaban mucho porque no le respondía. Mi idea inicial con ese viaje era pasármela bien, descubrir las maravillas que todo mundo me había contado sobre Puerto Todos Santos, estar con mis hermanos y amigos cercanos en unas vacaciones de desconexión, así había sido y así debía seguir siendo, le sacaría provecho a cada minuto que me quedara en la ciudad, platicaría con todos como platiqué con Él, sería la Lesslie de siempre, alegre, entusiasta y divertida.

—Oigan, ya es hora de irnos —anunció Alonso—, nos prestaron la terraza un momento y nosotros nos quedamos hasta tarde.

—Por mí no hay problema —respondió Él—, es toda suya. Si quieren, de una vez pedimos otros tragos o lo que ustedes deseen.

—Gracias, pero qué pena —dijo mi hermano—, nos encantaría seguirle pero mañana nos levantamos muy temprano, viajamos de regreso a casa. Si alguien quiere seguir, tendría que ser donde nos hospedamos, aunque la verdad, es mejor dormirnos de una vez, ha sido un día larguísimo.

Él, discretamente, volteó a verme. Otra vez sentí el peso de su mirada, su magnetismo, pero no le respondí porque no quería encontrarme con los ojos de Camille, me daba pena que se hubiera dado cuenta de cómo me miraba.

—De todos modos aquí tienen su casa, regresen cuando quieran —ofreció Él, serio.

—Bueno, pues yo voy por el coche para llevarme a las chavas —dijo Alonso—, y los demás van a tener que caminar. Me estacioné a la vuelta, si quieren vayan bajando.

Empezamos a caminar, teníamos que bajar las escaleras con mucho cuidado, así que lo hicimos de uno en uno.

—Tengo que ir al baño, te veo afuera —anunció Camille.

Como si el destino me hubiera puesto una trampa, Él y yo éramos los últimos en la fila para bajar las escaleras, me dio chance de ir adelante y mientras caminaba, se acercó y me dijo en voz baja:

—Oye, no es mi novia. Camille y yo no estamos juntos. Bueno, sí, pero no somos novios. Estamos en una relación abierta porque ella tiene esposo en su país, esto es de mutuo acuerdo pero ella no significa nada para mí.

—No tienes que darme explicaciones —respondí en voz baja, tratando de caminar más rápido porque Él acababa de hacer mucho más incómodo el momento con aquella revelación.

—Solo quería que lo supieras. Camille y yo no tenemos nada serio.

Conocía el término, sabía a lo que Él se refería con *relación abierta*, estaba consciente de que los acuerdos en pareja muchas veces son así, sin embargo, como nunca había sido algo que me interesara practicar, no quería conocer los detalles; jamás le había dado importancia porque no me llamaba la atención vincularme con alguien que ya estaba con otra persona. Siempre vi las relaciones como algo de dos personas donde nadie más se involucraba y, aunque no me molestaba que los demás llevaran las suyas como quisieran, pensaba en mi vida sentimental y en las cosas que esperaba de ella y una relación abierta no era algo que estuviera en mis planes. Por eso descarté a la primera seguir pensando en Él. Al menos esa era mi idea.

—Última noche en Puerto Todos Santos —dijo mi hermana mientras esperábamos que Alonso nos recogiera en el coche—, ¡gracias por haberme dado estos días mágicos!

Las vacaciones no pudieron terminar mejor. Al ver la felicidad en el rostro de mi hermana sabía que había valido por completo el viaje, ver felices a mis hermanos es una plenitud.

Los tres nos abrazamos. Ella tenía razón, tuvimos unos días increíbles, aunque no sabían que para mí hubo algo en particular que movió mis pies del suelo. En ese momento sonó el claxon del auto, nos subimos rápidamente y solo en un último vistazo que pudo durar un par de segundos o paralizar el tiempo, cedí ante la mirada magnética de Él y le di una última, no sabía si de agradecimiento por habernos conocido o por fin la despedida.

El regreso a casa fue muy rápido, una vez más mi mundo giraba a otro ritmo: reuniones, compromisos, planeación de nuestros nuevos proyectos, estar al día con aquello que se quedó pendiente antes de las vacaciones; apenas tenía tiempo de procesar lo que había sucedido en Puerto Todos Santos y analizar por qué me sentía tan distinta. Se movieron tantas cosas en mí, que necesitaba claridad, así que me tomé una tarde libre para meditar, poner mis sentimientos en palabras, como siempre lo he hecho al escribir diarios y relajarme. La paz estaba en mi interior, no podía dejar que algo tan pasajero como platicar un par de horas con un desconocido me hiciera perder el equilibrio. Preparé todo para darme ese momento de tranquilidad y empecé a escribir. Cuando me di cuenta, había llenado varias páginas con mis pensamientos, algunos dibujos y afirmaciones. Había puesto en silencio el teléfono, creí que tendría un montón de mensajes, pero extrañamente no fue así. El corazón me dio un vuelco cuando en la pantalla leí:

"Yadid, el amor de tu vida. Espero que sea así".

Una no se da cuenta en qué momento cambia todo tan de repente y dejas de ser quien siempre pensaste que eras, cuándo y cómo llega una curva de aprendizaje que no pediste pero está ahí para darte lecciones que jamás creíste que experimentarías.

¿Te sientes orgullosa de las decisiones que has tomado hasta el día de hoy?

¿Las decisiones que tomas en tu vida son de manera consciente y libre?

¿Te comparas constantemente con otras personas?

¿Te afectan mucho los cambios hacia lo desconocido?

¿Te haces cumplidos todas las mañanas al mirarte al espejo?

¿Aceptas tus errores o culpas a los demás?

¿Qué es lo que te hace más feliz? (Menciona algo que no tenga que ver con el trabajo, familia, pareja o amigos).

¿Te sientes feliz con quién eres?

AMOR PROPIO

Todos los días nos preguntamos cuántos pensamientos positivos o afirmaciones tenemos hacia nosotros. Habitar un mundo de expectativas, estándares, idealizaciones y presión social nos lleva a un caos mental donde no nos sentimos felices con quien somos y tampoco podemos ver nuestras cualidades; la insuficiencia de nuestro ser nos lleva a un estado mental de ansiedad, de tristeza, hay autolesiones, nos ponemos corazas o máscaras para no sentir o evitar salir lastimados.

Para entender el amor propio hay que conocer la sensación de sentirnos orgullosos y satisfechos de cómo somos, sentirnos capaces de que podemos lograr lo que soñamos. Amor propio es defender nuestras creencias, es ponernos firmes con nuestras decisiones, saber cuáles son nuestros límites y que la forma en la que pensamos no es genética sino aprendida. Se trata del almacenamiento de lo adquirido socialmente a lo largo de nuestra vida. Todos los días estamos en constante búsqueda de nuestra seguridad intentando controlar el exterior y esta acción que se da constantemente llega a drenarnos de una manera inimaginable hasta el momento de producirnos ansiedad por no poder controlar el futuro ni nuestro entorno porque todo lo que vemos y absorbemos del exterior es un reflejo de lo que somos y sentimos.

Encontrar el amor propio es más fácil de lo que nos imaginamos, es ser conscientes de cómo nos hablamos y cómo nos vemos. Si todos los pensamientos negativos que nos decimos los pronunciáramos como frases afirmativas, nuestro inconsciente se volvería consciente al recibir esos pensamientos y el resultado sería distinto.

Quiero que hagamos un ejercicio juntos. Este ejercicio es muy importante para mí, me lo enseñó mi hermana Karen y cuando lo hice por primera vez fue muy fuerte, pero me ayudó mucho y por eso quiero compartírtelo.

Primero vas a escribir nueve cosas que quieres de otra persona con el nombre de esa persona.

1. QUIERO QUE _____*Lesslie me ame*_____

2. QUIERO QUE _____*Lesslie me cuide*_____

3. QUIERO QUE _____*Lesslie me escuche*_____

Ahora, con esas mismas oraciones, sustituye el nombre de la persona por el tuyo.

1. QUIERO QUE _ _ _ _ _ _ _ _ _ _ _ _ _ _ _ _ _ _

2. QUIERO QUE _ _ _ _ _ _ _ _ _ _ _ _ _ _ _ _ _ _

3. QUIERO QUE _ _ _ _ _ _ _ _ _ _ _ _ _ _ _ _ _ _

4. QUIERO QUE _ _ _ _ _ _ _ _ _ _ _ _ _ _ _ _ _ _

5. QUIERO QUE _ _ _ _ _ _ _ _ _ _ _ _ _ _ _ _ _ _

6. QUIERO QUE _ _ _ _ _ _ _ _ _ _ _ _ _ _ _ _ _ _

7. QUIERO QUE _ _ _ _ _ _ _ _ _ _ _ _ _ _ _ _ _ _

8. QUIERO QUE _ _ _ _ _ _ _ _ _ _ _ _ _ _ _ _ _ _

9. QUIERO QUE _ _ _ _ _ _ _ _ _ _ _ _ _ _ _ _ _ _

Este ejercicio fue muy duro para mí, pero me ayudó a darme cuenta de que le dejamos la responsabilidad de lo importante que tiene que ver con nuestra estabilidad emocional a una o más personas cuando debería correspondernos a nosotros cubrir aquello que queremos de los demás.

Te invito a que escribas aquí todo aquello que te hace única. Los valores, momentos, sentimientos y palabras que fortalecen tu amor propio, tu autoestima. Háblate con el amor que esperas recibir de otros, porque eres tú quien tiene el mayor poder sobre tus palabras.

Cuando una rutina comienza no te das cuenta hasta que sucede algo que rompe con esa cotidianidad. La mía se basaba en compromisos de trabajo, tiempo de calidad con mi familia, algunas salidas con amigos, aunque en el último año todo cambió, las reuniones eran más pequeñas y pasaba más tiempo en casa. Por eso un nuevo acontecimiento siempre es mucho más fuerte, es la novedad, hay expectativa y los sentimientos están a flor de piel. ¿Cómo algo en apariencia tan pequeño como un mensaje puede tomar una importancia enorme y convertirse en motivo de alegría? Eran las cosas que empezaba a descubrir después de ese primer mensaje: "Espero que así sea". No supe qué contestarle, me quedé con el teléfono entre las manos y, como si Él me leyera la mente, volvió a escribir:

"¿Todo bien a tu regreso? No han pasado ni dos días y siento que se fue la alegría de estar en la terraza".

No había necesidad de verme en el espejo para confirmar que estaba sonriendo. Quería decirle que qué buena atención al cliente si se despedía así de cada una de las personas que visitaban la terraza, pero no quería ser grosera y solo atiné a responder que sí, todo bien, estaba poniéndome al día con mis compromisos.

"Me alegra saberlo. Por favor, avísame cuando regreses a Puerto Todos Santos, quisiera verte una vez más".

A partir de ese momento, la conversación no se detuvo. Recuerdo el instante preciso en el que mi corazón me dio la alerta de que algo estaba sucediendo cuando vi su primer mensaje. Es curioso cómo las señales están ahí pero no les prestamos atención hasta que empezamos algo que no sabemos cómo denominar, podría ser una nueva aventura, un escape a la monotonía o tal vez solo nos damos la oportunidad de intercambiar palabras que comienzan siendo inocentes y en el día a día se transforman en algo más fuerte. El tiempo se mueve a otro ritmo y los mensajes adquieren un valor distinto, el que nosotros le otorgamos, aquel que esperamos por la mañana cuando nos dan los buenos días o el de la noche con un simple "¿cómo te fue hoy?", que parece marcar la diferencia al resto y sacarnos una sonrisa. No quería admitir que ese intercambio me producía más que inquietud, constantemente pensaba: ay, Less, no le des importancia, es un desconocido, hablaron dos segundos y ya. Pero me daba cuenta de que no podía ser indiferente porque desde el inicio lo percibí como algo importante. Las conversaciones con Él eran frecuentes pero no constantes. Sus mensajes llegaban sorpresivamente a pesar de que, sin poder evitarlo, era como si yo los esperara o a veces los invocara. A veces estaba para mí, otras no, y era lógico, tenía una vida llena de ocupaciones en Puerto Todos Santos, trabajaba mucho, como yo, estaba rodeado de personas y compromisos.

Un día quise salir de casa para despejarme, no pensar en mi trabajo ni en esta interacción tan extraña que estaba teniendo. Fui con una amiga al cine, luego a cenar y justo cuando nos sentábamos en el restaurante, mi teléfono vibró y apareció un mensaje suyo en la pantalla:

"Desde que te fuiste no dejo de pensar en ti. ¿Qué hiciste para seguir presente aunque ya no estés?".

Me puse nerviosísima y mi amiga se dio cuenta, inmediatamente me dijo:

—¿Qué tienes?, estás toda roja.

—No, nada —respondí tratando de disimular—, es que leí una respuesta chistosa. Ya sabes, luego en los grupos alguien pone algo así para sonrojarnos a todos.

Soy muy mala mintiendo. Siempre vi esa transparencia como una virtud, pero en situaciones así, para algo a lo que quería restarle importancia, mi sinceridad no me ayudaba. Pensé que podía darle el cortón con un mensaje simple:

"La verdad, no sé qué está pasando".

Y fue peor, porque me respondió:

"Pasa que no dejo de pensar en ti, y me acuerdo mucho más en este momento, con este atardecer".

Me mandó la foto desde la terraza donde nos conocimos. Era imposible que yo estuviera malinterpretando las cosas, Él me coqueteaba, yo le respondía, estaba sucediendo y ya. Entonces ya no supe qué decirle, metí el teléfono a mi bolsa e hice mi mayor esfuerzo por concentrarme en la conversación con mi amiga y ponernos al día en las novedades, porque esa era mi vida real, no algo que solo estaba sucediendo a través de mensajes. La distancia era algo nuevo para mí porque cada vez que iniciaba algo con alguien esa persona estaba cerca, vivía en la misma ciudad y podíamos platicar así pero en persona, me demostraba sus atenciones personalmente como a mí me dijeron que debía ser una conquista, y ahora era distinto porque hablábamos cuando cada uno podía.

Dejé pasar un par de días que se convirtieron en semanas. Otra vez me metí de lleno a mis proyectos, planeé contenido, le dediqué tiempo a mi familia y, a pesar de todo eso, Él seguía ocupando una parte importante de mis pensamientos. Respondía sus mensajes, no puedo negar que me hacían sentir muy bien y los esperaba con ilusión porque había una conexión muy padre entre nosotros, algo que no había experimentado con esa intensidad en tan poco tiempo. Era como si Él y yo nos conociéramos de mucho tiempo atrás, o como si adivinara mis pensamientos y por eso tuviera las palabras justas. Me parecía impresionante cómo tan solo en unas horas de interactuar físicamente y casi un mes por mensajes sentía esa compenetración a un nivel que nunca me imaginé, pero al mismo tiempo, esa intensidad estaba cimentada en la incertidumbre de no saber dónde me hallaba, si podía confiar, abrirme mucho más y permitir que esto, que ya era importante, creciera más.

Una noche, a punto de dormir después de haber meditado un poco, me mandó un mensaje:

"Ojalá hayas tenido un día estupendo. El mío lo fue, pero le faltó lo más importante: verte".

Ahora sí, no comprendía qué sucedía en mi mente y me di cuenta de que tampoco lo que pasaba por mi corazón. Me gustaban sus palabras y la atención que ponía a las cosas que platicábamos, pero estaba consciente de que sus silencios o cuando me dejaba en visto estaban relacionados con su vida en Puerto Todos Santos, con Camille. A pesar de que me dijo que ella "no significaba nada", yo no estaba acostumbrada a coquetear con una persona que estuviera con otra, no lo había hecho y no pensaba hacerlo, en mi cabeza no cabía esa idea en lo absoluto y por eso me producía un enorme malestar dejarme llevar con frases de cariño o coqueteo si sabía perfectamente cómo estaba la situación. Había sido claro y se lo agradecía con el alma, pero algo se movía en mí que no me daba la paz que necesitaba. No me gustaba sentirme así, estaba ilusionada pero con los pies bien puestos en la tierra. Respiré hondo y le contesté:

"La verdad, no sé hacia dónde va esto, pero de lo que sí estoy segura es que yo no soy alguien para segundos platos".

Había que poner orden y si yo no daba ese primer paso las cosas continuarían yendo por un camino con el que no estaba cómoda. Luego, lo que más me desespera: veía en la pantalla de la conversación que escribía y no me mandaba nada, escribía y nada, así un buen rato. Me desesperé y volví a escribir:

"Mira, no quiero que lo tomes a mal. La verdad es que me encanta platicar contigo, conocernos, y creo que con nadie he tenido la química tan repentina que tenemos, pero como te dije en un principio, yo te estoy entregando lo más valioso que tengo, que es mi corazón. Tu mundo y tu mente quizás son diferentes a los míos, mis emociones cambian cuando no tengo respuesta, cuando dejas de escribir durante días y luego apareces. No me gusta sentirme así y necesitaba decírtelo, espero que lo comprendas".

Después hubo silencio. Él ni siquiera tecleó en la pantalla, no me dijo las palabras reconfortantes que a veces me escribía cuando yo le contaba que mi día fue pesado, no me dijo que me comprendía, que podíamos hacer algo al respecto o quedar como amigos, no dijo que entendía mis sentimientos y la manera en que me conflictuaba nuestra interacción. No respondió nada pero con ese silencio me dio a entender todo. Muchas veces creemos que los silencios pueden ser un vacío sin resolver, en realidad son oportunidades de solo soltar lo que tanto daño nos puede ocasionar, pero en ese momento no lo pude ver... o más bien, no esperé una verdadera respuesta ni quise escuchar lo que Él quería decirme en realidad porque yo estaba muy segura de cómo me sentía y lo que quería, no de lo que Él pensaba.

En un paréntesis dentro de la vida de dos personas que se conocieron, conectaron y no sucedió nada real, pueden pasar muchas cosas: desde hacerte falsas esperanzas, molestarte porque pensabas que solo jugaron con tu tiempo y tus sentimientos, hasta hacer de cuenta que no sucedió y pasar la página inmediatamente. Yo me esforcé por lo último. Es verdad que de repente con Él sentí una especie de conexión desconocida que me gustaba, el panorama no era claro y su situación no era la ideal, no valía la pena hacerme ilusiones. Yo sabía qué tipos de relaciones me gustaban porque eran las que conocía por haberlas experimentado y porque eran mi modelo a seguir. En la medida que crecemos nos inculcan cómo tenemos que llevar una relación, pero en realidad nadie te dice que ninguna relación es igual, lo más cercano que puedes tener a eso tan "ideal" es la imagen de tu familia, la relación de tus papás, las historias que consumes. En mi camino de aprendizaje y reconstrucción empecé a darme cuenta de que muchas veces eso que yo consumía eran las idealizaciones sobre cómo tenía que ser el amor.

Mi vida siguió, mis planes, mi rutina, todo lo que yo era no se iba a detener por un desencanto emocional. No puedo negar que extrañaba sus mensajes y la manera en que me hacía sentir con cada uno de ellos, pero podría continuar exactamente igual que antes de haberlo conocido. Un par de meses después, mis hermanos me anunciaron algo que me sacudió: regresaríamos a Puerto Todos Santos. Me quedé un poco en *shock* cuando me dijeron; los motivos eran superválidos, es más, yo también hubiera escogido volver a la ciudad. Ahí la pasamos increíble, es un lugar místico y lleno de cultura, pudimos ser más libres que en otras ciudades y bajamos nuestra discreción unas cuantas rayitas; además, con el exceso de trabajo que venía por la gira de nuestro nuevo proyecto, esas escapadas a un lugar cercano y mágico nos caerían de maravilla.

Tranquila, Less, me dije para darme ánimos, la ciudad es muy grande, seguro no te lo encuentras. Así como la ciudad es grande, también lo fueron nuestros planes: la meditación en la montaña me ayudó muchísimo, me dio una paz increíble, me controló los nervios que sentía al pensar que podría encontrármelo. Aquella primera vez, desde que llegamos, estuve a punto de mandarle un mensaje para decirle que estaría de visita, pero solo bastó un poco de serenidad para darme cuenta de que no era necesario, y luego la meditación puso todo en su lugar.

Me di cuenta de que una se vuelve adicta a la emoción que le produce gustarle a alguien, a esos vuelcos del corazón cada vez que te hacen sentir no solo importante, sino indispensable, sobre todo cuando estás acostumbrada a dar amor a manos llenas. Por eso al principio viví ese silencio como algo triste, una pequeña decepción, pero después ya no me produjo nada, acaso curiosidad por saber si estaba bien, entonces le preguntaba, Él me respondía con palabras muy sencillas y la vida de cada uno continuaba su curso. Aquella primera vez de vuelta a Puerto Todos Santos, aunque fue un viaje muy sencillo y solo de descanso, la ansiedad bajó, pero porque hice lo posible porque bajara, evité los lugares que sabía que él frecuentaba, por nuestro primer encuentro y la conversación por mensajes; me sentí a salvo de que pudiera volver a poner mis emociones en juego. Y al regresar a casa, recibí un mensaje:

"Estuviste aquí, muy cerca de mí. Lástima que no nos vimos".

Me emocionó leerlo, pero si ya había hecho un enorme esfuerzo por no caer y buscarlo, ahora lejos de Puerto Todos Santos sería más fácil. Tenía que ser firme en mi respuesta:

"Sí, ¿verdad? Es que fui superrápido. Fui a descansar y a desconectarme".

Quizás aquella fue la primera vez que busqué con más cuidado información en redes sociales. Sabía que Él no las usaba, porque no tenía ninguna red social, me había dicho que no le gustaban y lo comprendí, las redes a veces pueden ser superinvasivas si no las usas con precaución. Entonces ¿cómo se había enterado de que estuve en su ciudad? Mis hermanos y yo habíamos sido muy cuidadosos y discretos, a diferencia de cada vez que viajábamos, esta no estuvimos con Alonso, a quien él sí conocía, porque mi hermana se encargó de organizar todo, desde los vuelos hasta el hospedaje y las actividades. Lesslie, no seas ingenua, me dije, ayer, en el restaurante, los reconocieron unas personas y se tomaron fotos, luego, cuando llegaron más, había muchos en la calle esperándolos, quizás así lo supo. Puerto Todos Santos era una ciudad con muchas cosas, y al final, a pesar de eso, como sucede en otras ciudades, los negocios están conectados entre sí, algo importante que sucede en uno se sabe en otro. Busqué el perfil del hotel al que fuimos para el cumpleaños de mi hermana, el de la terraza que Él nos había prestado. En Instagram tenía fotos muy bonitas, tal como lo recordaba, era un lugar mágico.

De repente, me asaltó la curiosidad. Ser curiosa no es malo, excepto cuando empieza a causarte problemas o *intenseas* con ideas que no dejan en paz tu mente. Y eso estaba a punto de sucederme, pero no le di importancia. La vez pasada había escuchado que Camille tenía una cafetería a unas cuantas calles de distancia de la terraza, entonces busqué en el navegador cuáles me daban la vibra de Camille, hasta que di con un par, y mi intuición no falló, en las fotos que la gente había subido, aparecía ella. Fui al perfil del negocio y sí, era el suyo. Bueno, me dije, al menos ya sabes dónde es para que en la próxima visita a la ciudad tengas cuidado y no te la encuentres.

Lo tomé así, como una precaución, hasta ese momento ver el perfil del negocio y a la propia Camille en él no representaba más que el lugar que era mejor evitar.

———

Puerto Todos Santos me fascinó desde que lo conocí, y a mi hermana mucho más. Tan solo en un año fuimos tres veces, conocimos y nos enamoramos de los lugares de alrededor, nos inspiramos para próximos proyectos, sacamos fotos, aprendimos muchísimo de la cultura y volvíamos a casa con las pilas recargadas. Era muy curioso que justo después de cada viaje, Él me escribía. Se enteraba, ahora puedo imaginarme cómo, de que estuvimos ahí. Me decía:

"Qué mal que no nos vimos, ¿para cuándo unos tequilas?, avísame con tiempo, te escribo justo cuando estás por irte".

Y era así, o se enteraba tarde o teníamos una conexión a destiempo porque nunca coincidimos, eso era lo mejor. Yo no le avisaba que iba, no lo buscaba, quería evitarlo a toda costa y Él, como no usaba redes sociales, no tenía manera de enterarse a tiempo; las promesas de ese trago de tequila o de probar comida maravillosa se quedaban en eso, solo promesas.

Justo al año de mi primera visita, mi hermana nos anunció: "quiero celebrar mi cumpleaños otra vez en Puerto Todos Santos". Era momento de convocar a nuestros amigos más cercanos y repetir la aventura. No me sentí ansiosa porque en mis visitas anteriores no me había encontrado con Él, podía ir sin necesidad de llegar a donde trabajaba, la ciudad tenía muchísimas opciones para hacer una fiesta privada. Rápidamente nos organizamos, pedí que me tocara hacer las reservas del hospedaje y las actividades, entonces me sentiría más cómoda porque tendría bajo mi control los lugares más seguros, que claramente estarían lejos de los negocios de Él.

—¿Por qué tan emocionada, Less?, ya parece que quieres quedarte a vivir en Puerto Todos Santos —bromeó mi hermano.

—Este cumpleaños también tiene que ser especial, si Karen escogió hacerlo ahí, vamos a darle lo mejor —respondí—. Además, ya casi comenzamos con la gira, tal vez sea nuestra última salida tranquila en mucho tiempo.

—Tienes razón —dijo—. Hay que hacer que este viaje, en particular, no se nos olvide.

Inmediatamente comencé a planear el viaje, quería que saliera a la perfección. Estaríamos menos de una semana, mi prioridad era una excursión a la montaña, la aventura comenzaría con un paseo en bicicleta por varios kilómetros de naturaleza. Estaba entusiasmadísima, con la adrenalina a todo lo que da, así que lo puse casi al amanecer, no importaba si pasaban por nosotros a las cinco de la mañana, la finalidad era ver cómo salía el sol, hacer un ritual por el cumpleaños de mi hermana y celebrarla como se merecía. Entonces le llamé a Alonso, necesitaba un poco de ayuda.

—Alonso, dame recomendaciones —le dije al teléfono—. Estoy haciendo la selección de hospedaje, encontré unos bellísimos pero me falta uno para la noche previa a la salida a la montaña. Necesito un hotel donde quedarnos en la cuidad. Te voy a mandar el mapa de la zona donde estaría bien quedarnos —le expliqué, pensando en un lugar lejos de los dos negocios de Él, la terraza donde estuvimos y otro que me había dicho que era su trabajo principal—, si conoces un sitio tranquilo y muy privado donde podamos descansar, de una vez lo reservo.

—Dame chance, Less —respondió—. Sé de varios, he traído a mis papás a unos precisamente así, pero ahorita voy manejando. Reserva los tuyos y déjame éste, confía en mí.

No quise pedirle que por favor tuviera cuidado y lo buscara lejos de donde trabajaba Él, no tenía caso ponerlo alerta porque entonces tendría que dar explicaciones que no venían al caso, ya con indicarle la zona segura, sería suficiente.

—Súper, entonces yo resuelvo esto y quedo en tus manos. ¡Nos vemos en Puerto Todos Santos!

Después de colgar, revisé una vez más el círculo del mapita que le había mandado. La zona no era tan turística y estaba lo suficientemente lejos de los lugares por donde se movía Él y de la cafetería de Camille. Si ya había hecho tres viajes a la ciudad sin encontrármelo, este no sería la excepción. Además, con mucha planeación, tenía todo bajo control. A veces pensaba que mis precauciones eran casi una paranoia, yo quería evitarme un momento incómodo, pero en realidad nada había sucedido entre nosotros, tenía que relajarme más, dejarme fluir y no arruinar aquellos momentos preciosos que la vida me regalaba con mis hermanos y amigos solo por el miedo a encontrármelo. Constantemente me repetía: a ver, Less, no tuvieron nada, hablaron unas pocas horas en persona, coquetearon por mensajes, dejaste las cosas claras y ya, no te claves, sé feliz y vive tranquila. Era cierto, ni mis amigos o hermanos se habían dado cuenta de nada cuando Él estuvo con nosotros, se portó como un buen anfitrión, fue amable, igual que muchas personas, nuestro diálogo fue en silencio, algo solo de los dos, tenía que sentirme tranquila y alegre.

Con esa idea en mente iniciamos el viaje. Alonso me había mandado un mensaje para decirme que el hospedaje estaba listo, pero como en ese momento estaba en ensayos para la gira de nuestro *show*, no tuve tiempo de revisar los detalles, solo vi un par de fotos, la dirección y me pareció que estaría perfecto. Llegamos a la ciudad y yo solo pensaba en que me merecía disfrutar el viaje y hacerlo superespecial para mi hermana. Alonso ya nos esperaba.

—¡Muero de hambre! —exclamó mi hermana—, si no como algo en media hora, les juro que me desmayo.

—Yo también, pero como Alonso nos prometió las mejores experiencias gastronómicas, quise aguantarme un poco y no comer en el camino —dije—. ¿A dónde iremos?, ¿esta vez qué vas a probar?

—Ahorita ya es tarde para un desayuno, pero puedo preguntar si nos prepararían algo especial —respondió mi amigo—, aunque mañana cuando amanezca van a probar los mejores desayunos de su vida. ¿Recuerdan la terraza donde celebramos tu cumpleaños, Karen?

Oh, no, pensé, no puede ser.

—Sí, la comida estaba buenísima, ¿es ahí? —preguntó mi hermana.

—No, pero los dueños tienen varios negocios y en uno de ellos sirven estos desayunos espectaculares. Es lo mejor que he comido en la ciudad...

—Ay, desayunos... como que no se me antoja mucho —interrumpí. Necesitaba a toda costa evitar ese lugar—. ¿Podemos comer otra cosa?

—Si quieres, Less —respondió Alonso—, podemos ir a otro lugar rápido para que Karen no se desmaye. De todos modos vamos a comer esos desayunos porque los sirven donde se hospedarán.

No, no, no, no, no, pensé, no puede ser que el universo me haga esto.

—Ja, ja, ja, ¿cómo? —pregunté, ya medio nerviosa, intrigada, sacada de onda.

—Es un lugar muy bonito, rústico, privado, nadie se dará cuenta de que están ahí, y cuando despierten tendrán la mejor comida de toda la ciudad —dijo Alonso, supertranquilo.

—¡Me late! —intervino mi hermana—, como siempre, le atinaste al lugar ideal.

Sentí que se me iba la sangre del cuerpo, una ansiedad por no haber prevenido eso. ¿Cómo era posible que esta vez, cuando más me esforcé en estar lo más lejos posible de Él, fuera a caer precisamente en otro de sus negocios? No era culpa de Alonso, quizá yo atraje esa mala suerte con mi obsesión de que las cosas salieran exactamente como yo quería, a diferencia de los demás viajes. Veía a mi hermana muy entusiasmada con su cumpleaños y de ninguna manera iba a echarle a perder la experiencia solo porque algo no me gustaba. Le estaba dando demasiada importancia a una situación que nunca pasó de mensajes y suposiciones. Si el universo ahora me lo ponía enfrente, tenía que aceptar que así sería, portarme normal y dejarme llevar por la alegría de los demás, al cabo que solo pasaríamos una noche ahí, al día siguiente nos iríamos a la montaña desde las cinco de la mañana, luego nos quedaríamos en unas cabañas muy lejos de todo. No tenía control sobre cada detalle de ese viaje, pero sí sobre mí y mis emociones, y fue lo que me propuse: serenidad y paciencia.

¿Cómo sería nuestra vida si supiéramos qué va a pasar mañana, en un mes, en un año o toda nuestra vida?

¿Qué pasaría si supiéramos quién nos va a lastimar o a quién lastimaremos?

CONFIANZA

¿Sabes cuál es tu superpoder?

Cuando te equivocas, ¿aceptas tus errores?

Cuando conoces a alguien, ¿te da miedo sentir?

Son demasiadas las preguntas que todos los días nos hacemos y entre más pensamos y hay más dudas, menos accionamos porque sobrepensamos las cosas y menos confianza tenemos en nuestras acciones, convirtiendo cada acción en un círculo vicioso todos los días. A lo largo de la vida vamos adquiriendo dos herramientas muy poderosas que nos ayudarán a creer en nosotros: la *intuición* y el *instinto*. La intuición está conectada con el corazón y el instinto está conectado con nuestro cuerpo, la gran pregunta sería ¿cómo usamos nuestro gran poder sin llegar a distorsionarlo? Porque podemos hacer y hacernos mucho daño en querer controlar cada aspecto de nuestra vida y no aceptar el proceso de cada quien. Respetar la vida y la libertad de equivocarnos o acertar, saber que cada camino es correcto siempre y cuando nuestro corazón esté alineado con la mente. La confianza es la capacidad que se nos da para conectar con nuestra esencia, felicidad, sabiduría, paz y amor. Es saber que cualquier cosa que hagamos con certeza funcionará, que sucederá, que será, que se dará naturalmente sin forzarlo, simplemente dejando que fluya.

En una relación la confianza es como un hilo tan delgado y al mismo tiempo tan fuerte que nos puede llevar al éxito o al fracaso, ambos horizontes son parte de los acuerdos mutuos que se platican al iniciarla, pero en realidad se adquieren con el tiempo, se van conociendo y poco a poco van fluyendo hasta tenerlos materializados.

Cuando se rompe la confianza solo queda la fianza, que es el precio a pagar cuando uno no cumple con un compromiso. En el momento en que esto pasa la relación se vuelve inaceptable, se convierte en un vacío que entra en nosotros al saber que ya no podremos creer en esa persona, el vacío se transforma en el peor enemigo de una relación y lo marchita.

Me hubiera encantado saber desde pequeña que creer en uno mismo es un superpoder y que equivocarnos no nos hace menos personas, porque experimentar a través de la intuición y el instinto de uno es parte del proceso. La respuesta de muchas de las dudas que tenemos todos los días se puede alcanzar fácilmente cuando nuestro corazón está tranquilo, a pesar de la decisión que hayamos tomado. Esa es, en sí, la repuesta.

Un ejercicio de confianza contigo mismo. Escribe cuál es tu superpoder: ¿en qué crees que eres bueno? Anota seis cosas sin compararte con los demás. Es importante que podamos escucharnos para resaltar nuestras virtudes y saber qué valor le damos a nuestras acciones.

Sé gentil contigo...

1. _____

2. _____

3. _____

4. _____

5. _____

6. _____

Después revisa de tu lista cuáles de estas acciones están dedicadas a tu persona. En ocasiones enfocamos nuestras virtudes en los demás, pero es importante detenernos a reflexionar si lo que hacemos es para nosotros mismos o para los otros.

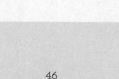

46

Uno de los ejercicios más complicados que realicé en terapia fue cuando escribí una lista de cosas en las que era buena, sin compararme con las demás personas, sin tomar a nadie más como punto de referencia. Al revisar lo que escribí me di cuenta de todo lo que hago por los otros, mi lista estaba dedicada a acciones que realizaba para otras personas y solo una era para mí. Reconocí que les daba mucha de mi energía a otros y entendí que también hay individuos que al drenarte esa energía tan valiosa contribuyen a que poco a poco dejes de ser tú.

Muchas veces nuestra confianza la basamos en lo que los demás perciben de nosotros y le damos más valor a lo externo que a la validez que nos podemos dar nosotros mismos. Cada uno vivimos nuestro centro, al final del día si nos guiamos por las opiniones externas le restaremos atención a nuestra confianza propia, que viene del interior. En su momento, este ejercicio fue una herramienta que me permitió darme cuenta de que necesito aportarme más a mí que al exterior, por eso te lo comparto con tanto cariño, para que también puedas descubrir a quién le entregas tu energía y seas consciente de que si puedes generar más energía, sea para ti.

CAPÍTULO

Déjate ir, fluye, disfruta, respira. Me repetí eso como mantra hasta que calmé la ansiedad. Me molestaba mucho sentirme así por un asunto sin importancia, hice lo posible por relajarme y ser feliz. La comida de la tarde la hicimos en otro lugar que mi hermana encontró en una lista de recomendaciones, fuimos porque era un viaje planeado para ella y después de eso teníamos una cita con otros amigos, porque Alonso consiguió entradas para un pequeño palenque. Todo estaba saliendo de maravilla, con suerte regresaríamos tan tarde que solo nos acostaríamos para descansar lo suficiente e irnos al amanecer al resto de la aventura. Los amigos de mi hermana habían preparado un minifestejo en el palenque y, por cómo nos la estábamos pasando, cantando, bailando y riendo, cerraríamos el día con broche de oro. Al salir, mi hermano dijo:

—Tengo hambre otra vez, hay que pasar por unas pizzas o tacos, dice Alonso que venden unos muy buenos de camino. Los llevamos a los cuartos y nos dormimos de una vez.

—Eso estaba pensando —dijo Alonso—, pero justo ahorita me mandó mensaje la dueña del hospedaje, le comentaron que se estaban quedando do en las habitaciones de atrás y quiere prepararles una cena.

—No hace falta —interrumpí—, creo que la pizza o los tacos están muy bien. Me da pena que le demos molestias.

—Ya sé —dijo Alonso—, eso le estoy diciendo, pero me insiste en que quiere prepararles algo, es una chef superlinda, no tenía que hacer esto y de verdad quiere. ¿Qué le digo?

—Se me hace medio grosero rechazarla —dijo mi hermana—. Hay que aceptarle la cena, estoy segura de que la ofrece de corazón.

Suspiré. Una vez más, el destino y el universo hacían de las suyas. Cuando llegamos, había un servicio montado exclusivamente para nosotros, los demás clientes se habían ido hacía rato y la mesa larga ya estaba puesta. Olía delicioso, había pan y tortillas recién hechas, el olor era inconfundible, todos estábamos encantados y mi hermana mucho más, la veía superilusionada. En ese momento conocí a la mamá de Él. Desde el primer instante noté la calidez de su mirada, era una mujer muy atenta, amable y bondadosa.

—No podía dejar que se fueran sin consentirlos —nos dijo—. Espero que les guste la cena y se sientan cómodos en el hospedaje, esta es su casa.

Le sonreí con mucho agradecimiento, y apenas me acerqué para darle un abrazo, Él llegó. El corazón se me detuvo un minisegundo o no sé cuánto tiempo me duró la sensación. Lo tenía ahí tan cerca que apenas pude reaccionar cuando se acercó a saludarme de beso, nuestras mejillas se tocaron, sus labios cerca de mí, su olor, su voz, todo lo que me había llamado la atención la primera vez que lo vi y durante meses trataba de recordar, ahí estaba. Saludó a mis hermanos y amigos, felicitó a Karen y se quedó a un lado de su mamá, abrazándola.

—Bienvenidos —dijo—. Ahorita les traemos unos tequilas para que prueben y se vayan a dormir mucho más relajados. ¿Necesitan algo?, agua, más comida, ¿qué les damos? Mamá, ve a descansar, yo me quedo.

Vi cómo le hablaba a su mamá, su trato con ella, la manera en que la cuidaba y se aseguró de que se fuera bien a casa, eso me dio confianza, lo percibí como un hombre respetuoso porque hasta ese momento así había sido conmigo, veía en él valores importantes, el respeto y cariño que siempre he admirado en los hijos que quieren a sus padres. Cuando estás en una relación, al menos en mi caso, pones mucho de tu familia o tu círculo más cercano ahí porque son tus lugares más conocidos y en los que te sientes a salvo, en lugar de comenzar a explorar ese nuevo territorio con curiosidad y respeto. Los errores vienen de las imposiciones y, sin querer, uno se impone tratando de tener seguridad. Muchas de las decisiones que yo tomaba eran a través de mi familia: si ellos estaban de acuerdo, yo sabía que estaba tomando una buena decisión porque estaba segura de que lo que me dijeran estaba bien aunque yo no supiera si en realidad esa decisión me estaba haciendo feliz.

Pensaba en que aquella vez, cuando más planeé no encontrármelo, las cosas se dieron de esa manera. ¿Estábamos destinados a algo?, me repetía mientras cenábamos, porque la remota posibilidad de verlo se cumplió, y no como cualquiera hubiera esperado que coincidiéramos, sino de una manera mucho más especial. También volteé a ver a mis hermanos, que son mis amigos, aliados y fortaleza, estaban felices celebrando, yo no les iba a echar a perder el momento con mi seriedad solo porque Él estaba ahí, así que decidí no hacerle mucho caso, a pesar de sentir la fuerza de su mirada en mí, tan magnética e incluso enigmática como la primera vez.

—¿Te gusta Puerto Todos Santos? —me preguntó de repente uno de los invitados, era un amigo de otro amigo de mi hermana—, ¿ya habías venido?

—Sí, me encanta —respondí, y sentí el peso de su mirada, que me veía a distancia, no sé si celoso pero sí con curiosidad por estar tan cerca de este otro invitado—. El año pasado también celebramos a Karen aquí en Puerto Todos Santos y hemos venido varias veces.

—¿Lista para mañana? También voy con ustedes. De hecho, yo guiaré parte de la ruta en bicicleta.

—¡Heeey! —interrumpió mi hermana—, si ya terminaron de cenar, no se queden dormidos sobre la mesa, ¡vamos a bailar un rato!

Mi hermana sacó a bailar a nuestras amigas y a sus amigos, después mi hermano se unió, yo acababa de levantarme para ir con ellos cuando escuché:

—¿Esta música cómo se baila?

Era Él, que estaba de pie a mi lado, muy cerca, casi podía oler su piel y su cabello.

Ay, no sé, como sea, tú solo déjate llevar, escúchala y muévete como sientas que la música te lo pida —le respondí.

Estaba a punto de acercarse más, quizá buscaba poner sus manos alrededor de mi cintura pero me moví lo más rápido que pude y lo dejé ahí parado. La verdad es que fue muy divertido, me dio mucha risa que sintiera mi indiferencia pero yo no quería hacer más drama por su culpa, quería pasármela bien, reír, bailar, ser yo sin que la mirada de otros me mantuviera a la expectativa. Si no estaba de acuerdo no era mi problema que le molestara, eso no cambiaría mi decisión. Estaba segura de que nadie pensaba que era muy indiferente porque entre Él y yo no había nada, solo suposiciones; Él era un anfitrión excelente y yo una invitada que quería divertirse oyendo sus canciones favoritas.

La noche pasó tan deprisa que nos dimos cuenta de lo tarde que era hasta que nuestros amigos dijeron que se tenían que ir a dormir para tener sus horas de sueño completas porque tenían que estar al cien cuando pasaran por nosotros.

—Es cierto —respondió mi hermana, bostezando—, tan solo hoy ya fuimos al palenque, paseamos, cenamos y bailamos.

—Estaremos aquí por ustedes a las cinco de la mañana —dijo nuestro amigo—. Ahorita les mando un mensaje con lo que tienen que meter a la mochila.

Nos despedimos de Él y de otros amigos porque nos quedaríamos en el mismo lugar en el que estábamos cenando, a unos pasos del hospedaje.

—Gracias por la cena —le dijo mi hermana a Él—, estuvo increíble, tu mamá es una mujer extraordinaria.

—Qué bueno que les gustó. Son bienvenidos siempre, ya sea aquí o en cualquier otro de los negocios. ¿Quieren que los lleve a las habitaciones?

—Gracias, pero no hace falta —interrumpí—, Alonso nos dio las llaves, podemos ir solos.

Él sonrió, no supe si porque otra vez lo lastimé al no aceptar su ofrecimiento o porque de verdad estaba muy cansado y también quería ir a dormir.

Este viaje, a diferencia de otros, era más en modo aventura. El hospedaje era compartido, yo me quedaría en el mismo cuarto de mi hermana, así que nos despedimos de los demás, solo le dije adiós a Él con la mano y nos fuimos. Mi hermana ya estaba acostada y yo poniéndome la piyama cuando mi teléfono vibró, era un mensaje suyo:

"¿Para cuándo nuestro tequila?"

No sé qué pensé en ese primer momento al leerlo, si me halagaba que me escribiera o por qué esperó hasta que me fui a dormir, evidentemente porque estando juntos solo se dedicaba a observarme, como si no sucediera nada. Le respondí:

"Será para la próxima, ya estoy acostada porque mañana salimos a las 5".

Listo, había sido firme con mi decisión, como lo fui durante la cena. A pesar de que me ponía tan nerviosa no me fue difícil darle el cortón en momentos clave. Mi celular volvió a vibrar:

"¿Qué tal ahora?"

No puede ser, pensé. ¿Qué le pasa?, ¿piensa que puede venir así nada más cuando antes simplemente dejó de hablarme o me dejaba en visto? Esa era una de mis opciones, no contestarle y, si me escribía después, que se diera cuenta de que me quedé dormida, era lógico, ya se lo había dicho, necesitaba descansar. Pero también estaba la otra opción, que era salir y hablar de una vez sobre nosotros, acerca del último año, los mensajes, el coqueteo, su silencio cuando le dije cómo me sentía y lo que pensaba de involucrarme con alguien que no era totalmente libre. Durante meses pensé en eso, podíamos quedar como amigos, cada uno en su mundo y con la persona que deseara, no valía la pena terminar mal algo que ni siquiera comenzó. No quería que los viajes a su ciudad se convirtieran en un martirio, estaba harta de marcar en el mapa los lugares que prefería no visitar por el miedo que me daba encontrármelo y hacer el momento superincómodo.

Hasta ese momento no me había detenido a reflexionar ¿son tus ideas, Lesslie, o Él piensa lo mismo que tú? Yo no sabía qué era lo que quería en verdad y me confundía porque evidentemente había un coqueteo pero hasta entonces se quedaba simplemente en eso. Siempre me desesperó no tener el control de las situaciones importantes, que los demás no estuvieran en sintonía conmigo porque eso me desarmaba, y sentimentalmente también sucedía. De mi parte había una enorme exigencia para ser la mujer perfecta y que eso fuera lo primero que se percibiera de mí aunque los demás no me conocieran a profundidad; con el tiempo comencé a exigírselo a mis parejas, esperaba que fueran el modelo ideal. A veces solemos ser tan exigentes con nosotros, que lo mismo que nos demandamos es lo primero que vemos en los demás. Nos cuesta aceptar que otros cometan errores porque no nos permitimos fallar y si alguien lo hace está mal, pero, si alguien cercano falla, es imperdonable. Esto se vuelve una carga cada vez más fuerte, dolorosa, frustrante, algo que no debería suceder.

Es impresionante cómo un par de palabras pueden cambiar el rumbo de tu vida y tu lugar en el universo por completo, solo basta una pregunta para moverte todo y ser una versión de ti que desconocías. Respiré profundo y le respondí:

"Está bien, te veo en un momento".

Esperé a que mi hermana se quedara dormida, cuando comprobé que lo estaba, apagué la luz, me puse los zapatos, un suéter encima de la piyama e iluminé mi camino con la lámpara del teléfono, también cuidé hacer muy poco ruido porque no quería meterme en problemas con ella ya que existía la posibilidad que Karen me preguntara por qué me salía en la noche y con Él, así que para evitarlo preferí hacerlo a escondidas. Mi plática con Él no me tomaría más de unos pocos minutos. Mientras caminaba, el corazón se me aceleraba, no sabía si de la emoción que me producía hacer algo a escondidas o porque de verdad quería estar con Él a solas. Entre la entrada y los cuartos había un patio muy bonito, Él ya me esperaba. Cuando me senté a su lado, de repente vi un colibrí en un rosal; creo que nunca había visto uno en la noche, desde que visitaba la ciudad tampoco. Lo contemplé unos segundos hasta que él habló:

—Me daba la impresión de que estabas evitándome —dijo. Puse cara de no entender de qué hablaba. Los nervios ya se me habían pasado, estaba relajada y hasta quise soltar una pequeña risa—. En la cena, las veces que estuviste aquí y no me dijiste...

—No, para nada —respondí—. Eran viajes muy rápidos y, la verdad, ya te había contado que estas escapadas son para desconectar. Dentro de poco no tendré ni un fin de semana de descanso porque inicio un proyecto que me entusiasma muchísimo.

—A mí también me ha ido muy bien —contestó sonriendo. No lo dijo con el afán de presumir, noté en su voz un tono de honestidad, como si estuviera abriéndose conmigo—. Tengo muchos proyectos en puerta, le he puesto atención a los más interesantes. ¿Recuerdas que el año pasado, cuando nos conocimos, me preguntaste a qué me dedicaba?, ¿cuáles eran mis sueños?

Moví la cabeza afirmando. Era cierto, cuando platicábamos por mensajes las noches que yo regresaba de algún evento, un ensayo o simplemente de estar con mis hermanos y todo el equipo, le contaba cómo iba mi día y Él me decía cómo iba el suyo. En ese preciso momento me di cuenta de que, a pesar de habernos visto solo una vez en mi viaje anterior, la conexión fue muy fuerte y podíamos platicar muy bien a pesar de la distancia, creo que fue lo que más extrañé cuando dejamos de hacerlo. Pensé que sería muy padre volver a esa dinámica, como amigos, cada uno consciente de que no se podía nada más, Él en su ciudad y yo en la mía, cada quien con la persona que deseara estar. Así empezó nuestra conversación en el jardín. La noche tenía un olor especial, a flores que solo tienen un aroma dulce durante cierta época del año, en verano. Lo bello de su ciudad es que aún se ven las estrellas, estábamos debajo de un cielo totalmente despejado y se veían las constelaciones, aunque yo no supiera distinguir más de dos, quizá con equivocaciones, volteaba ver el cielo todo el tiempo. En un instante, los dos nos quedamos en silencio.

Mi vida se mueve a muy buen ritmo —dijo casi en un susurro—. Quiero mostrarte algo que me parece importante.

—Sí, claro —respondí.

—Solo que no está aquí —dijo, poniéndose de pie y extendiéndome la mano—, sino en otro lugar, muy cerca. Ven conmigo.

Dudé. No quería ir más allá de esa conversación, aunque me la estaba pasando muy bien, sabía que en algún punto teníamos que ser claros y poner todo en orden para que cada uno siguiera con su vida y mis visitas a Puerto Todos Santos dejaran de ser incómodas, eso era lo que habíamos hecho hasta el momento y continuar con el juego podría ser peligroso. Pero solo bastan un par de segundos para dejarse llevar, y fue lo que tardó en preguntarme otra vez:

—¿Vamos?

—Está bien, pero no puedo estar mucho tiempo —respondí.

Era tarde y la mayoría de los negocios ya había cerrado, las calles estaban vacías y la ciudad se veía hermosa totalmente despejada, con el brillo de las farolas, al igual que el cielo con sus estrellas, soplaba el aire y aún podía sentir el olor de las flores del jardín. La noche, que en principio parecía mágica, se convirtió en una madrugada de ensueño.

—Nunca la habías visto a esta hora, ¿verdad? —me preguntó mientras caminábamos.

—¿Qué cosa?

—La ciudad. No sabes lo que significa para mí que te guste y te sientas cómoda aquí.

Empezaba a sonrojarme, no tenía que verme al espejo para saberlo. Sin querer, aceleré el paso, aunque no supiera hacia dónde íbamos. Cuando llegamos, sacó la llave de la puerta principal y abrió. Dentro todo estaba en silencio, fuimos rápidamente a la oficina.

—Paso casi todo el día aquí, este es mi lugar de trabajo. A veces hasta lo siento como un refugio.

A un lado de la mesa principal había una más pequeña con una botella de tequila y dos caballitos. Se acercó pero le dije que no quería beber, así que no sirvió, ni siquiera para él. Tomó el iPad y me mostró algunas fotos, también sacó unos planos que estaban en un tubo de cartón.

—Me interesa trabajar con comunidades para hacer negocios amables con la naturaleza —dijo, serio—. Aquí hay una fuerte inversión extranjera, podemos ofrecerles opciones que beneficien a los habitantes de Puerto Todos Santos. Llevo años aterrizando ideas, trabajando en proyectos más pequeños para financiar estos dos. Si mi plan resulta como espero, tal vez para el próximo cumpleaños de tu hermana esto sea una realidad.

Extranjera, pensé, y recordé a Camille y su cafetería, pero no venía al caso mencionarla. Mejor cambiar de tema.

—Puede ser, siempre y cuando mi hermana mantenga la tradición de que Puerto Todos Santos sea su ciudad de cumpleaños.

—Tengo muchos sueños. Para serte sincero, casi ninguno tiene que ver con el negocio familiar. He trabajado con ellos desde que soy adolescente, me gustan, los respeto mucho y a esos años les debo haberme enseñado cómo salir adelante, pero es precisamente por eso que quiero conseguir las cosas por mí mismo, aunque me cuesten el doble y no cuente al cien con alguien.

Él me hablaba con muchísima sinceridad, se le notaba la pasión cuando me explicaba las fotografías del proyecto, hacia dónde apuntaban sus ideas y qué proceso desarrollaba en los últimos meses. Lo dejé que hablara y que me contara todo, me sentía muy bien ahí. Apagó el iPad, pensé que ya nos íbamos y, de repente, se acercó a mí. El corazón me latía tan rápido y fuerte que podría parecer el ritmo de una máquina, estaba nerviosa pero eran esos nervios que te hacen mucho bien, que sabes que necesitas para que ese instante tenga sentido. Puso su mano alrededor de mi cintura, se movió y en ese momento empezamos a bailar. Únicamente

Él y yo, la música no era necesaria porque algo salía de nuestros cuerpos, una enorme atracción, la necesidad de estar juntos en un instante perfecto. Él se me acercó más hasta que nuestros labios quedaron tan cerca que besarnos fue inevitable. Mi cuerpo reaccionó a algo tan fuerte como la atracción que sentía por Él, el corazón me latía tan fuerte que cada poro de mi piel le hacía eco aunque no sabía si en realidad se trataba del corazón de los dos latiendo al mismo ritmo. Hasta que nos separamos y abrí los ojos vi la hora y, como en escena de película, comprobé que el tiempo se nos había ido tan deprisa que ni nos dimos cuenta.

—¡No puede ser! —exclamé, alejándome de él y con la vista puesta en el reloj de pared , ¡nooo!, ¡son las cuatro y media!

—Perdón, no me fijé en...

—¡Son las cuatro y media y pasan por mí a las cinco!

Salimos a toda prisa. Luego en la calle íbamos corriendo, muertos de la risa. Cuando llegamos, con los nervios y la adrenalina, tardó en abrir la puerta.

Ya, vete, yo entro sola le dije.

Ni siquiera le di chance de despedirse, cerré la puerta principal porque habíamos dejado abierta la del pasillo que conectaba con el jardín y yo tenía la llave de la habitación. Todo estaba en silencio, no vi luces encendidas en el cuarto de mi hermano, tampoco en el mío, así que entré con mucho cuidado, tratando de respirar despacio, no tocar nada y...

—¡¡¡Aaaaaaahhhh!!! —gritó mi hermana en la oscuridad.

—¡¡¡Aaaaaaahhhh!!! —grité porque me dio un susto horrible. Inmediatamente encendí la luz, ella estaba parada junto a la puerta del baño.

—¿Dónde estabas, Lesslie? ¡Responde!

—Yo... en ningún lado, aquí, dónde más... salí a ver...

—¡No saliste a ver nada! Llevas horas fuera, ¡no dormiste aquí!, y casi me matas del susto.

Dios mío, esto no puede estar pasando. Cuando me fui estaba profundamente dormida, podría jurar que la vi dormida. No podía usar la carta de que había ido a fumar porque yo no fumo, ni que había escuchado ruidos porque armaría un escándalo y llamaría a la policía, no podía defenderme de ninguna manera.

—Estaba aquí, siempre estuve...

—¿Aquí?, ¿cómo que aquí? No me mientas, tú no estabas en el cuarto, quién sabe cuánto tiempo llevas fuera.

—Ay, ¡yaaa! Sí, está bien, salí, estaba con un amigo.

—¿Amigo?, Lesslie, ¡tú no tienes amigos! No conoces a nadie aquí... a menos que... ¡me estás ocultando algo!

Obviamente yo no tenía amigos en Puerto Todos Santos, y cualquier cosa que dijera sería una mentira igual a la anterior, nadie iba a creerme. Me puse muy nerviosa, empecé a tartamudear, no sabía dónde meter la cabeza. Por último, no me quedó otro remedio que decir la verdad.

—¿Recuerdas al chico del hospedaje? Nuestro anfitrión, el de los tequilas...

—Ay, Less —suspiró mi hermana, con fastidio y echando la mirada hacia arriba—. Apúrate, recoge tus cosas porque nos vamos en cinco minutos.

Quizás pensó que habíamos ligado durante la cena porque nunca vio más que un coqueteo entre los dos el tiempo que estuvimos sentados platicando, antes de ir a bailar y luego un poquito después. Los viajes a Puerto Todos Santos siempre fueron juntas, ni un solo día nos despegábamos, entonces no podría haber ligado con él en otra ocasión, y lo pensó así porque no vio nada el año anterior, en su festejo de cumpleaños.

Los demás pasaron a buscarnos superpuntuales a las cinco. Yo iba megacansada en la camioneta, no había dormido, me sentía peor que si me hubiera enfiestado toda la noche, cuando en realidad lo único que hice fue platicar. De repente, mi hermana dijo:

—Adivinen quién no llegó a dormir... ¡taráááán! La más chiquita.

Todos soltaron risas, chiflidos, burlas, todos sacados de onda ya que la más pequeña se les salió del hotel, fue un *shock* para todos. Yo me moría de la vergüenza porque, efectivamente, era la más pequeña del grupo, siempre me cuidaban, estaban pendientes de que nada me pasara y fui la única que no llegó a dormir por irse con alguien. Nadie me regañó, no había necesidad, me cuidaban pero hasta cierto punto porque sabían que nunca haría algo fuera de mis principios, no cedería a alguna situación que no me gustara o pusiera en riesgo. Solo me fastidiaron todo el camino y para mí fue casi como un castigo porque moría de sueño y cansancio.

El tiempo en la montaña fue mágico. Logré desconectarme de todo un par de días, sin internet, sin señal de ningún tipo, justo lo que necesitaba, pero algo dentro de mí había cambiado desde que estuve con Él. Me sentía diferente, entusiasmada, me descubrí sonriendo cuando recordaba nuestro baile en silencio, su voz, la manera en que se abrió conmigo para hablarme de sus sueños y ser tan atento, nuestro beso, recordaba el sentir de nuestros labios como si ya se hubieran conocido antes, algo único e inexplicable para ese momento igual que siempre, pero de una manera mucho más íntima. Me relajé, medité pero no podía sacármelo de la cabeza. Revisé mi teléfono muy pocas veces, de repente, durante alguna caminata agarraba señal y me llegaban los mensajes de Él, sus fotos, videos que no podía reproducir, me preguntaba cómo estaba, si me la pasaba bien, si me estaba gustando aquella ruta, incluso me decía que extrañaba escuchar mi voz. Yo no comprendía por qué la intensidad si solo había sido un beso, estaba fuera de mí sin entender por qué hasta ahora manifestaba un interés que en un año no mostró. Por qué la insistencia, por qué moverme otra vez de mi zona segura. Quería verlo y a la vez no porque conocía ese efecto magnético que tenía sobre mí. Fui a ese viaje con la firme idea de que nada que tuviera que ver con Él me alteraría y no era así.

Volvimos a Puerto Todos Santos solo un día, teníamos el tiempo medido para comer y tomar el vuelo de regreso a casa porque nos incorporaríamos a más ensayos antes de una gira. Me preguntó si tenía un momento libre, quería verme una última vez, estar conmigo aunque fuese unos minutos. Le dije que no lo sabía, lo más probable era que no.

"Tan solo un momento. Te juro que después, cuando regreses a tu ciudad, todo será distinto".

Quería saber a qué se refería, pero en verdad era casi imposible que pudiera escaparme, teníamos el tiempo contado. Suspiré y le respondí:

"Está bien, solo una hora. Dime dónde te veo y yo llego como en veinte minutos".

Me mandó la ubicación, era una galería no muy lejos de ahí. Volteé a ver a mis hermanos, estaban cansadísimos y con mucha hambre, habíamos pedido comida y no les notaba intenciones de moverse de ahí, entonces aproveché:

—Oigan, voy a comprar unos recuerdos a una tienda de artesanías, ¿quieren ir? —les dije.

—Ay, no —dijo mi hermana—. Te juro que no puedo dar ni un paso. Cómprales algo a mi mamá y mi papá de mi parte.

—Con cuidado, Less. No te tardes, vienen por nosotros en una hora y media.

—No me tardo. Cualquier cosa, les aviso y pasan por mí —les dije con tanta seguridad, que ninguno protestó.

La galería estaba muy cerca, llegué justo a tiempo. Él me esperaba en la puerta, me sentía como en una aventura, igual de mágica que la anterior, pero esta vez, me dejó asombrada. Me sorprendió lo hermosa que era, con el techo tan elevado que la luz entraba por unos enormes ventanales; en ese momento no me dijo a quién pertenecía, solo que habían cerrado exclusivamente para nosotros. Dentro había piezas increíbles, una hecha totalmente de plata que brillaba como si la hubiera tallado alguien de otro mundo. Me quedé sin palabras, pero mi asombro se rompió cuando me di cuenta de algo mucho más increíble. Comenzó a sonar una música tenue, era *jazz*. Él me condujo a un patio interior, ahí había una mesa con bocadillos *gourmet* y bebidas, varios tipos de cocteles; y había muchas flores. Estaba asombradísima, ¿en qué momento pudo planear eso si apenas le había confirmado que podíamos vernos?

—¿Estás segura de que solo tienes un par de minutos? —dijo casi en un susurro.

No sabía dónde poner la mirada, si en él, en las piezas de la galería, en el servicio tan romántico y bien planeado. No podía hablar, no me salían las palabras porque estaba impresionada.

—¿Qué... qué...? —balbuceé—, dime qué significa esto.

—Significa que quiero tenerte en mi vida.

Él me tomó de la mano, se acercó a mí y de nuevo sentí su aroma, su tacto, el ritmo de mi corazón, cada vez más rápido. Cuando conoces a alguien y tienes una gran conexión sus latidos y su respiración empiezan a coordinarse con los tuyos, eso jamás me había pasado con alguien hasta que sucedió con Él. Estaba realmente desconcertada, no sabía si ignorar esto que estábamos sintiendo, o hablarlo, si decirlo o evitar juzgarlo y solo sentirnos. Para mí era algo único y diferente.

—No podemos... tú estás con...

—Estoy soltero —respondió—. Me gustas mucho, quiero que nos conozcamos y lleguemos a algo. No sé qué, pero de algo estoy seguro: que te quiero en mi vida

La forma en la que decía cada palabra me erizaba la piel, lo escuchaba tan decidido que era imposible no reaccionar de esa manera. En eso se me vino a la mente dejarle claro lo primordial que era para mí la libertad de dos almas libres dispuestas a compartir este camino que se llama vida.

—Yo llevo un año soltera, para mí es muy importante saber dónde estoy, a quién le entrego mi corazón.

—Me encantas y no puedo esperar a que seas parte de mi vida. No quiero que pase un año más para volver a verte, quiero visitarte. ¿Me dejarías verte en tu cuidad?

Suspiré. En ese momento, con todo el entusiasmo de mi corazón, decidí abrirme y aceptar un camino que no sabía a dónde me llevaría, pero deseaba descubrir. Nos acercamos cada vez más, hasta que mis labios estuvieron en el lugar correcto, que era con los suyos, en un beso, deteniendo ese momento donde solo quedan dos almas que están *listas* para comenzar un camino juntas. No sabía que ese momento marcó mi vida y me llevaría al aprendizaje más grande.

CAPÍTULO

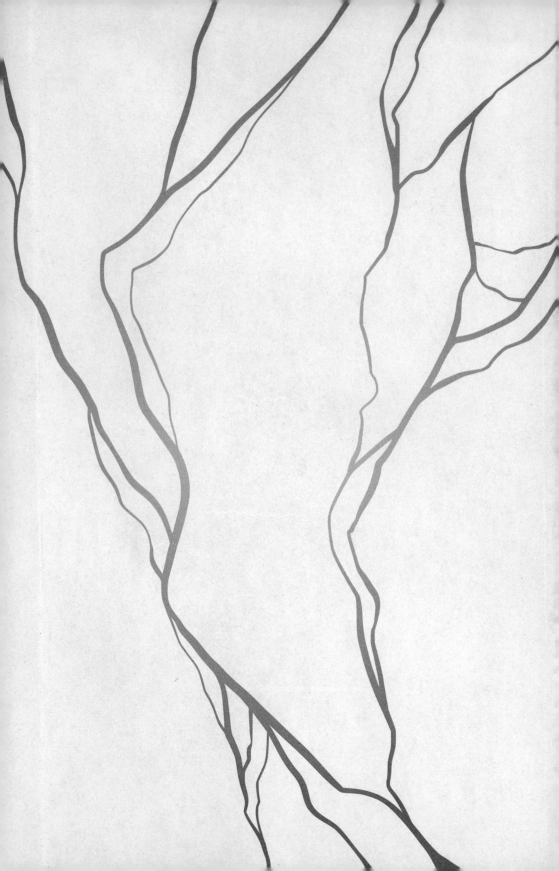

A lo largo de mi vida no me abría ni era sincera sobre cómo me estaba sintiendo por miedo al rechazo, por evitar una confrontación, porque creía que mis emociones no eran válidas, y al mismo tiempo, por este silencio, invalidaba las de la otra persona. Llevé este patrón, sin darme cuenta, a cada una de mis relaciones. A mí me enseñaron a ser una buena persona en todos los sentidos: una buena hija, una buena mujer, una buena pareja, buena en todo. Todo lo que eso conllevaba era una carga emocional muy fuerte. Una de las cosas de las que me di cuenta mucho después era que de una u otra manera yo organizaba toda mi vida porque mi vida siempre estaba organizada precisamente porque era algo que tenía de mucho tiempo atrás, por lo que estando en pareja replicaba ese modelo. Así fue que también traté de organizar la vida de Él y que se acoplara a la mía.

Con alguien tan distinto a mí comenzaron a surgir cosas porque dos mundos diferentes no pueden orbitar de la misma manera si no hay entendimiento. Yo era muy intensa en la relación porque suelo serlo conmigo misma y con mis cosas y, sinceramente, no todo mundo está abierto a tener relaciones así de fuertes. Para mí era lo más normal llevar esa intensidad y esperar que el otro respondiera a mis necesidades porque creía que estaban bien y eran buenas para los dos. Pero cuando lo que yo llamaba "intensidad" venía del otro lado, me costaba trabajo comprenderlo porque no estaba acostumbrada a que alguien más tuviera algo de control. Sin embargo, todo eso lo descubriría paso a paso con alguien cuya personalidad era tan diferente a la mía.

———

"Buenos días, cariño, espero que hoy todo te salga de maravilla. Apenas te fuiste ayer y ya te extraño mucho, cuento las horas para vernos de nuevo".

Empecé a sentir esos nervios que me producían una sonrisa cada vez que veía una notificación suya. Me gustaba la sensación, estar así, tan ilusionada y feliz. Pensaba en nuestro último encuentro, cómo lo hizo superespecial, en nuestros labios unidos en un beso y no podía dejar de suspirar, Él había hecho todo como en un sueño. Estaba segura de que cada quien vive el amor que se merece, uno que no es visible al primer momento pero está ahí, aguardando para salir y cambiar nuestras vidas, aunque al principio no se dé en las mejores condiciones, como era nuestro caso. Desde que me subí al avión de regreso a casa, ya viajaba con un secreto: Él y yo empezaríamos una aventura juntos, queríamos al uno en la vida del otro, darnos la oportunidad de conocernos y llegar a algo más. Aunque me causaba un poco de ansiedad recordar el año durante el cual nos mensajeamos y dejamos de hacerlo por un malentendido, que en realidad fue tratar de poner las cosas claras en un momento complicado, sumado a las dudas que me rondaban por todo lo que había pasado con Camille. Vivíamos en ciudades diferentes, cada uno tenía su vida y sus ocupaciones y fue lo primero que le dije cuando acepté tener algo con Él.

—En unos minutos estaré en un avión de regreso a mi vida y mi realidad, tú te quedarás en la tuya.

—También sería así si viviéramos en la misma ciudad —me respondió—. No te prometo que esto será sencillo, tengo muy claro que no, tendremos que esforzarnos mucho, pero no pienso renunciar a ti. Haré lo posible para demostrarte cuánto me importas.

Era impresionante cómo desde el inicio Él sabía de qué manera ganarse mi corazón, mi confianza, que yo dejara atrás cualquier duda. Me preocupaba que pronto retomaría una gira y los proyectos con mis hermanos se intensificarían, eso había sido motivo para que durante algún tiempo no me interesara iniciar una relación, pero con Él, a pesar del miedo y la incertidumbre por el futuro, quería intentarlo, abrirme y dejar que las cosas fluyeran. Antes me había prometido que me visitaría porque había quedado encantado conmigo, pero nunca lo hizo, cada promesa se quedó en eso, una fantasía, no obstante ahora sería diferente, teníamos algo importante y quería confiar en él.

—Less... Less... ¡Lesslieee! ¿Qué te pasa? —me preguntó mi hermana un día mientras estábamos en una junta—. Andas toda ida, llevo un rato preguntándote qué onda con el vestuario y no me pelas.

—Ay, perdón —respondí nerviosa—, me quedé pensando... ajá... estaba pensando en eso que me dijiste.

—¿Qué cosa? Ya te pregunté como tres veces y andas en tu mundo.

—En eso... ¡la ropa! Estaba pensando en la ropa.

—Ash. No me haces caso —dijo fastidiada—. Cuando estés en tus cinco sentidos, me dice qué onda porque ya vamos a encargar lo que nos falta, tenemos mil pendientes encima, un *show* que ensayar y videos que grabar.

Yo no iba a salir de mi mundo porque precisamente Él acababa de decirme que me visitaría. Me emocioné muchísimo cuando me mandó el mensaje de su boleto de avión, era un hecho que estaríamos juntos, pero como nadie sabía que en su ciudad quedamos en andar, no podía decirlo, su visita sería un pequeño secreto mientras yo veía qué onda y si valía la pena seguir y abrirme ante los demás.

———

Llegó y todo fue superromántico, como me lo había prometido. En lugar de que yo lo recibiera con flores, Él me dio un ramo enorme y un regalo de Puerto Todos Santos, para que no olvidara que esa ciudad ya era importante en mi vida.

—Te extrañé muchísimo —me dijo—, todos los días contaba las horas para que llegara este momento.

Yo a Él lo había extrañado de la misma manera. Sus mensajes al despertar y también antes de dormir me hacían sentir como si tuviera un colibrí en el estómago, o una libélula; me reconfortaban. A pesar de que Él estaba de visita, planeó casi todas nuestras actividades, se hospedó en un lugar bien ubicado porque no quería presionarme para quedarse conmigo, todavía no era el momento y eso me gustó, que respetara mi espacio porque en realidad aún estábamos conociéndonos; también escogió restaurantes y algunos bares a los que yo jamás había ido y ni me pasaba por la cabeza ir. Con cada uno de sus detalles y atenciones me sentía como en un sueño, solo tenía que verlo o escucharlo hablar para darme cuenta de que era el indicado.

Durante esos días no me detuve a reflexionar en el verdadero significado de la expresión *amor romántico*. Para mí la relación era eso, romántica, pero más bien desde donde yo la imaginaba de acuerdo con mis estándares: que las atenciones vinieran de un hombre caballeroso, romántico, atento, amable. Así tenía que ser ¿no?, además, como yo me esforzaba por ser la mujer perfecta, no podía esperar menos de quien estuviera a mi lado. Durante los primeros meses Él cumplía con mis estándares y solo podía verlo con los ojos de amor: era el novio perfecto.

—¿Dónde estuviste tanto tiempo? —le pregunté una noche mientras cenábamos en un bar de *jazz*.

—¿Dónde? Apenas me fui un momento al baño y...

—No —interrumpí—, en mi vida. No planeaba conocer a alguien como tú y de repente aquí estamos.

—De repente, así pasan estas cosas —me dijo, y sin que me hubiera dado cuenta de que la guardaba, me dio una rosa roja que tenía escondida—. Quiero que estemos juntos el tiempo que me lo permitas.

Guaaau. De verdad no podía creer que estuviéramos viviendo esos días tan mágicos. Él se portó conmigo como nadie en mucho tiempo, siempre me contaba de sus planes a futuro, sus proyectos, la pasión que tenía por emprender, me mostraba su honestidad y hacía todo lo posible para que me sintiera la mujer más especial a su lado. Me daba cuenta de sus sentimientos tan profundos, como los míos, nuestra relación era una realidad y no un espejismo o amor de verano, por eso no tuve dudas y empecé a abrirme de verdad, bajé mis barreras y quise ser la Lesslie que se dejara llevar por el amor, sin miedo a compartir y dar todo, porque no conozco una forma distinta de querer si no es entregando mi confianza y corazón.

Cuando llegó el momento de separarnos me sentí un poco triste, pero en realidad estaba ilusionada por nuestro siguiente encuentro. Algo padre de las relaciones a distancia es que te mantienen con la expectativa muy alta, piensas en un futuro, haces planes, consideras lo mejor y aprovechas cada minuto con la persona que quieres. Él me estaba devolviendo el entusiasmo por los planes a futuro.

—¡¿Que te vas a dónde?! —exclamaron mis hermanos cuando les dije que tenía planes de pasar unos días sola en Puerto Todos Santos.

—Sola, ajá —dijo mi hermano—. Less, por favor, ya.

—Está bien —suspiré y me dejé caer en el sofá—. Ustedes lo saben o más o menos lo sospechan y no me gusta ocultarles nada, solo les pido un poco de su apoyo y comprensión. Me voy unos días porque estoy saliendo con Él y es momento de hacer esto.

Mi hermana me abrazó, después mi hermano se unió al abrazo:

—Sabes que te amamos y estamos aquí para lo que sea —dijo ella—, solo ten cuidado, y no me refiero únicamente a ir sola, aunque sea tu primer viaje solita. Estás dando un paso muy importante, no queremos que salgas herida.

—Ya sé, gracias de verdad —respondí—, pero no es tan grave, solo nos estamos conociendo. Quiero saber si esto funciona. Si veo que sí, les platicaré a mis papás.

—De todos modos, pase lo que pase estamos contigo —dijo mi hermano—. Estás en tu derecho de descubrir y experimentar y de comenzar a tomar estas decisiones en tu vida, nos tienes para cualquier cosa.

—¡Nuestra Less ya creció! —bromeó mi hermana, y los tres nos reímos mucho, nos hicimos bolita y nos abrazamos más, como siempre.

Mis hermanos son todo. Decirles que iniciaba una relación con Él no era sencillo pero no podía ni quería dejarlos fuera de algo tan importante en mi vida. Contaba con ellos hasta el final, siempre ha sido así, y era normal que no les pareciera tanto, a la que más le estaba costando estos encuentros era a mi hermana, podría ser porque se preocupaba por mí, porque no quería que saliera lastimada o no le daba buena espina, en fin, siempre era mucho mejor incluirlos. Para mí tomar la decisión de visitarlo era importante, no solo porque fuera mi primer viaje totalmente sola y precisamente para ir a ver a un casi novio, sino porque estaba saliendo de mi zona de confort, consciente de que me enfrentaría a un nuevo estilo de vida, quizás un poco asustada pero más bien emocionada por lo que venía.

Después de su visita a la ciudad, Él y yo habíamos planeado vernos pronto, quizá cuando ambos tuviéramos un fin de semana libre, pero eso tardaría mucho porque Él estaba a punto de lanzar uno de sus planes más importantes, la primera parte de un proyecto sustentable en comunidades cercanas a Puerto Todos Santos, después yo tendría salidas los siguientes fines de semana y para cuando por fin ambos estuviéramos disponibles ya habrían pasado dos meses. Entonces me dijo que lo acompañara a su evento, para él sería muy significativo que yo fuera, presentarme a sus amigos y familia y que yo pudiera ver cómo se desenvolvía en su medio, que conociera esa faceta de su vida. Lo pensé solo unos minutos y le dije que sí, también me emocionaba que me considerara en un momento tan importante. Mis papás sospechaban pero tuvieron toda la confianza para dejarme ir sola, sabían que pasara lo que pasara yo volvería sana y salva, y mis hermanos ya estaban notificados, era como si contara con su complicidad y aprobación.

Con toda la emoción del mundo, preparé mi maleta y tomé un vuelo a Puerto Todos Santos. Al principio me sentía un poco nerviosa, no tenía muy claro qué les había dicho a sus amigos y familia sobre mí, suponían que estábamos saliendo pero aun así era un poco fuerte presentarme como algo más, sobre todo porque sabían que habíamos estado todos juntos unos meses antes.

—Tranquila, Lesslie —me dijo—, todo va a salir bien, confía en mí.

Eso hice, y me llevé una enorme sorpresa. Me di cuenta de que Él era muy familiar, ya había visto cómo se llevaba con su mamá, cómo la trataba, y ahora veía la relación tan cercana que tenía con su hermana, también me fijé que en el ámbito laboral era muy responsable. Aquella noche me presentó sin decirles gran cosa pero me di cuenta de que ya sabían que estábamos juntos porque fueron muy atentos conmigo, hicieron todo lo posible para que me sintiera bien y poco a poco perdiera la pena. A veces cuesta mucho trabajo abrirse a una nueva familia, principalmente cuando estás conociendo a la persona, pero en mi caso, las cosas se dieron de manera natural; me sorprendía cómo había sido todo con Él, desde la noche que nos conocimos hasta ese momento, siempre fluyendo, en confianza pero con los pies bien puestos en la tierra, tal y como me lo propuse.

Me emocionó muchísimo escucharlo hablar de su compromiso con ese nuevo proyecto, explicar a los invitados de qué se trataba y después, presentarme a sus amigos más cercanos, muchos de ellos llegaron con sus esposas y novias formales. Vi a Tessa, la conocida de mi hermana, pero solo de lejos, no estuvo mucho tiempo. Sentí que le había caído bien a su familia y a su círculo cercano, para mí eso ya era ganancia. Sus papás y su hermana se despidieron de mí, me esperaban al día siguiente para comer o desayunar, les dije que haría lo posible porque viajaría después del mediodía. Después, las cosas se tornaron un poquito confusas, o al menos era lo que pensaba en ese momento, que solo era cosa de la alegría y nada más. Cuando me di cuenta, eran las dos de la mañana, solo estaban los amigos cercanos de Él, algunas de sus novias y esposas ya se habían ido.

—Creo que nos toca despedirnos —le dije—, así duermo mis horas y mañana puedo desayunar con ustedes.

—Less, estamos celebrando, es una noche muy especial —me respondió—, una ronda más y nos vamos, te lo prometo.

En eso momento me di cuenta de que le costaba un poco de trabajo hablar con claridad, había bebido mucho y quería continuar bebiendo. Calma, Lesslie, me dije, es normal, como si fuera la noche de su graduación o una boda, se la está pasando muy bien con sus amigos, no te pongas intensa, tómate un vaso de agua para que se te espante un poco el sueño, ya casi se van. Y ese ya casi fue hasta las cuatro y media de la madrugada. Yo estaba cansadísima, lo bueno fue que un amigo suyo nos llevó al departamento porque no iba a permitir que Él manejara en esas condiciones. Al día siguiente no pude levantarme temprano, desperté a las diez y media y Él continuaba dormido; desayuné sola, revisé mis mensajes y le preparé algo para que desayunara apenas se despertara. Intenté hacer un repaso de la noche: la convivencia con sus papás había salido muy bien, varios de sus amigos como que eran muy fiesteros para mi gusto, pero eran sus amigos y yo no tenía que meterme en eso, pero sus novias y esposas fueron superamables conmigo. Casi no bebí, no me gusta beber, quizás dos cocteles solo por los sabores y ya, por eso pude relacionarme con todos, desinhibida pero no tanto. Bailamos, nos reímos, en resumen había sido una noche increíble, Él estaba feliz y me había hecho parte de esa felicidad.

Cuando se despertó vio el desayuno que le había preparado.

—Eres maravillosa. Less, gracias por acompañarme —me dijo mientras me abrazaba.

—Me la pasé muy bien. Solo que ahora ya es tardísimo, en un rato me voy al aeropuerto.

—Ojalá esto se repita siempre, más noches como la que pasamos —respondió.

No quise decirle: "sí, pero sin desvelarnos tanto" porque no quería parecer aburrida, lo único que hice fue darle un beso y empezar a preparar mi maleta, debíamos salir al aeropuerto en un rato. En ese instante no hablé, no le dije que no estaba acostumbrada a salir de fiesta o desvelarme mucho porque no me gustaba y no me sentía en mi ambiente, pensé que si lo hacía quedaría como la aburrida, qué iban a decir de mí, de Él. Comenzó a abrirse el primer abismo: el de no decir las cosas en el momento que deben ser expresadas simplemente por miedo a lo que otros digan.

En las relaciones a distancia hay mucha novedad, cosas buenas y otras que no es que sean malas, sino que deben quedar claras desde el principio. A veces damos por hecho que nuestra pareja cambiará sus conductas cuando esté con nosotros y no es así, sería un poco hipócrita fingir ser otra persona, pero si algo no nos gusta es importante hablarlo inmediatamente o encontrar el momento adecuado. Yo no lo encontré porque la siguiente vez que Él y yo platicamos sobre aquella noche no le dije que me hubiera gustado que pasara más tiempo conmigo en lugar de ir de mesa en mesa brindando con cada uno de los invitados. En las relaciones a distancia se hace un esfuerzo doble para estar por lo menos unas cuantas horas, en momentos importantes y aprovechar cada espacio juntos, por lo menos ese era mi pensamiento. Yo no hablé pero tampoco permití que Él lo hiciera.

Las semanas siguientes se nos complicaron un poco. Él tenía un boleto para ir a visitarme, pero su socio en el nuevo proyecto enfermó y no podría ausentarse de Puerto Todos Santos para estar conmigo. Sonaba muy triste cuando me lo dijo por teléfono.

—De verdad lo lamento, sería muy irresponsable de mi parte irme así nada más ahora que estamos comenzando una nueva gira internacional.

—Mmm, mira, tengo un huequito en mi agenda —respondí después de pensar un rato en las alternativas—. Puedo adelantar unos ensayos y mover algunas reuniones, otras serían virtuales o solo llamadas por teléfono. No quiero que pase tanto tiempo sin que nos veamos.

Él aceptó. Parecía que en los siguientes meses, a pesar de que el inicio de la gira ya tenía fecha y estábamos a tope con los compromisos, yo tendría más oportunidad de ir a su ciudad que Él de visitar la mía. Esa misma noche tomé una decisión muy importante: reuní a mi familia para hablar con ellos. Mis hermanos ya sabían sobre mi relación con Él, mis papás también lo sabían por el viaje anterior pero no tenían toda la información y a mí nunca me ha gustado guardar secretos, quería compartirles aquello que era tan importante y definiría mis días a futuro.

—Es más, ¿qué les parece si vamos todos juntos en familia? —les propuse una vez que les platiqué toda la historia—. Así lo conocen para que puedan estar más tranquilos y paseamos por Puerto Todos Santos, hace años que no van.

Mis papás voltearon a verse. Habían sido demasiadas emociones en tan poco tiempo. Mis hermanos estuvieron de acuerdo, me apoyarían durante el viaje y también querían ver nuestra nueva dinámica como casi novios. Era cierto: Él y yo empezamos una relación pero hasta el momento no le habíamos puesto nombre, no me pidió que fuera su novia y yo tampoco le di importancia, nos la estábamos pasando muy bien mientras nos conocíamos, aunque si las familias estaban involucradas sería tiempo de ponerle el nombre necesario. Pensaba en eso de vez en cuando, pero como me sucedía cada vez que quería tocar temas importantes con Él, lo dejé pasar. Calma, Lesslie, no seas anticuada, piensa que están saliendo y deja que las cosas fluyan, sé más abierta, me dije otra vez cuando ese pensamiento llegó a mi mente. Yo quise tomar las riendas de la relación, esas decisiones que van desde nombrar el vínculo hasta la forma en la que nos relacionamos, y me interesaba mucho que mi familia se diera cuenta de que estaba haciendo las cosas bien, como ellos me enseñaron, como aprendí que tendrían que ser las relaciones. Tengo una relación muy estrecha con mi familia y nunca me vi fuera de mi núcleo. El hecho de que alguien llegara a mi vida significaba que me sacaba de ese núcleo de estabilidad y comodidad y con ello podría desarmarme un poco, pero quería que mi familia supiera que estaba haciendo bien las cosas, con seguridad y que tomaba las decisiones correctas dándole un lugar tan especial a Él. En su caso, era lo mismo, estaba muy unido a su núcleo y eso me reconfortaba.

El día que la familia de Él nos recibió todo fue espectacular, como siempre. Nosotros conseguimos un hospedaje hermoso y cómodo, era un viaje familiar y esperaba que las cosas se dieran en un ambiente tranquilo, sin presiones. Aunque al principio parecía un poco nervioso, Él era encantador, educado, amable, simpático, todo lo que yo podía desear en una pareja; se desvivía por atendernos lo mejor posible y demostrarles que yo estaba muy bien a su lado, que era su prioridad. Al segundo o tercer día, cuando rompimos por completo el hielo y platicaba más con mis papás y mis hermanos, era obvio el enorme amor que sentía por Puerto Todos Santos, su pasión por los negocios, la cultura que tenía, su inteligencia, en fin, lo que mejor sabía hacer, que era mostrarse encantador. Cuando lo miraba no me cabía duda de que había escogido bien y mi lugar estaba con Él. Una noche, cuando nos despedimos y yo me quedé con mi familia, noté algo extraño en mi hermana y tuve que preguntarle de inmediato qué tenía.

—No es nada —me respondió cortante. Le sostuve un momento la mirada hasta que me dijo—: Bueno, sí. La verdad es que te noto supercambiada cuando estás con Él.

—¿Cambiada? —pregunté. No sabía a lo que se refería.

—Sí, Less, como si te esforzaras mucho en hacer que nos caiga bien.

Su respuesta me tomó por sorpresa. Yo no sabía de qué hablaba hasta que mi hermano intervino.

—¿Todo está bien entre ustedes? —preguntó mi hermano—. Ya sé que están empezando, pero debes dejar que las cosas fluyan.

—Less, te apoyamos, lo sabes —dijo mi hermana—, es solo que a veces lo noto como en otro canal distinto al tuyo. Él tiene distintos intereses, gustos, dinámicas, formas de convivir y...

—Si lo dices por el tequila... —intervine.

—No, no lo digo por eso —respondió mi hermana—. Si le gusta el tequila está bien siempre y cuando tú estés bien. Me refiero a que si lo quieres y tienes ganas de tener una relación padre, no dejes de ser tú. Él no me cae mal, simplemente pienso que son superdistintos y no quisiera perder a la Lesslie de siempre.

No me dolieron sus palabras, al contrario, entendí con mucha claridad que a veces, cuando estamos enamorados o maravillados, no vemos ciertas cosas en nuestras parejas y quienes nos conocen, como los hermanos o papás, sí las ven. Quizá tenía razón y por ser tan distinto a mí temían que yo comenzara a cambiar para encajar más en su mundo en lugar de que Él encajara en el mío. Si mi relación iba tan bien era porque yo le ponía mucho empeño en que fuera así, me dije en esa ocasión, aunque eso implicara que me acoplara a sus actividades a pesar de que no me gustaban al cien por ciento. Pensaba que, al vivir en pareja, hacer esos pequeños sacrificios era un esfuerzo necesario que tendría una recompensa muy grande: la felicidad. En ese momento estaba llena de muchas creencias acerca de lo que tendría que ser una relación *ideal*, y todo estaba mal porque ese término, ideal, es inalcanzable.

—Eso no va a suceder —dije para tranquilizarlos—, aún nos estamos conociendo, estamos bien, ya convivieron mejor y seguramente se dieron cuenta de lo bien que me trata. Tengan confianza en mí, no daré pasos sola, les prometo que si algo no me gusta serán los primeros en saberlo.

—Y nosotros en apoyarte —intervino mi hermano—. Gracias por invitarnos y abrirte así, cada día te veo más madura y si esta relación te hace feliz, compartimos tu felicidad.

Nos fuimos de Puerto Todos Santos después de verlo a Él y su familia por última vez. Mis papás estaban tranquilos, mis hermanos también, yo me sentía plena porque mis dos mundos, el de mi familia, que es lo más importante en mi vida, y mi nueva historia de amor ya convivían en armonía.

Me costaba mucho trabajo expresarme tal y como me sentía, lo que hacía era algo similar a una regla: Lesslie es una mujer que tiene que ser supercuidada y apapachada por el hombre, que tiene que hacer tal y cual cosa. A nosotros nunca se nos habla de la comunicación que debemos tener en pareja porque cada pareja es diferente, cada una tiene su propio mundo, quienes la conforman vienen de contextos diferentes, incluso estando juntos aspiran a cosas distintas. Sin embargo, para mí estar en pareja era como una *wish list*: todo el tiempo debía cumplir con ciertas expectativas que le dejaba a él, por ser hombre, porque fue lo que aprendí. Mucho de eso, positivo o negativo, es un aprendizaje, incluso una imposición. Y a partir de ahí comienza a pesar más el *qué dirán, qué se imaginarán de mí*, que el *qué quiero, qué deseo* compartir en esta relación.

Con el paso de las semanas fui ordenando mis ideas. Hubo un periodo chiquito en el que Él no podía visitarme porque estaba superocupado con sus nuevos proyectos y yo no podía desatender los míos, cada día tenía nuevas responsabilidades, pero tratábamos de estar en contacto siempre, hasta que un detalle que a otros podría no importarles hizo que mi burbuja de amor y paz reventara. Le pregunté si podía atender una videollamada, quería contarle algo que me había pasado y necesitaba su consejo. Su respuesta fue contundente:

"Salí a comer, te llamo luego".

Eso no me molestaba, nunca he sido una novia psicópata (o eso pensaba), hasta que le pedí una foto y me la mandó. De repente algo me saltó a la vista: la decoración. Había visto esa decoración antes. Inmediatamente me fui a Google Maps y busqué mi sospecha para darme cuenta de que no me equivocaba: Él estaba comiendo en la cafetería de Camille, tenía superidentificada la decoración por las fotos que subían los comensales y lo que vi en Instagram. Para disimular, le mandé una foto mía pero solo apareció como enviada, no como recibida. Una palomita. Entonces me empezó la ansiedad. Dejé pasar unos minutos, le mandé un *sticker*, misma palomita, luego otro, una palomita, uno más, ¡la misma palomita de enviado y no recibido! Calma, Lesslie, calma, solo fue a comer, quizá se quedó sin batería o no hay señal, espera a que te llame, tranquila, no es nada, me dije, me repetí varias veces pero la ansiedad no me bajaba. Eso fue un día, y sucedió lo mismo otro, cuando le pedí una *selfie* y me la mandó, y pude reconocer un par de letras del logo del negocio.

Cuando Él y yo empezamos a salir me juró que ya no tenía nada que ver con Camille, confié plenamente, me juré que no sería una novia loca u obsesionada, pero al menos en tres ocasiones me di cuenta de que comía ahí; si no se veían, por lo menos continuaba yendo a su cafetería. De repente, otra cosa me provocó un pequeño *shock*, sentí muchas cosas, incluso vergüenza conmigo misma porque me dije que no sería una novia loca y en realidad no éramos novios, Él aún no me lo pedía. Entonces me di cuenta de que llevaba meses huyendo de algo que era importante para mí pero le había restado valor solo porque Él no se lo daba, y era poner en palabras nuestra relación, darle el término correcto. Hay cosas que importan, como la manera en que se piden las cosas y para mí las palabras siempre han sido muy importantes. Quizá esté fuera de tiempo para algunos o sea una idea muy anticuada, pero es como me gusta que se hagan las cosas, sobre todo si tiene que ver con algo emocional, y yo deseaba que le pusiéramos nombre a nuestra situación, que me pidiera ser su novia y no solo salir o andar en una relación abierta. Pensé que era mi culpa porque no había tomado las riendas, si según yo era muy segura, no pasaba nada si le pedía que fuera mi novio.

Cuando una mujer tiene independencia, desde económica, intelectual, emocional, con frecuencia se vuelve una persona un poco fría y mandona porque le ha costado mucho estar en una mejor posición en un mundo tan competitivo y siente que el fracaso no es una opción. Nos han enseñado como sociedad que quien rige es el más fuerte en todos los sentidos porque esa fuerza te da seguridad. Te pones una armadura para estar a salvo y continuar en el camino a lo que consideras el éxito y corres el riesgo de hacerle menos caso a las emociones porque temes que interfieran con la persona que quieres ser ante los ojos de los demás. Yo me di cuenta de que estaba en ese camino y no quería soltar lo ganado porque creía que sería vulnerable pero, sorpresa, al dejar de escucharme ya lo era.

En ese momento, impulsiva como pocas veces, compré un boleto de avión para ir a Puerto Todos Santos en un par de días. Le avisé, dijo que estaba muy bien porque ya no esperaríamos a que se desocupara, y me fui a verlo. Como confiaba en que Él siempre escogía lugares increíbles para salir a cenar o beber algo, esperé el momento preciso y me le declaré. Le dije que nuestras familias ya se conocían, con eso no habría problema, que yo estaba segura de que lo nuestro valía la pena y quería intentarlo desde otro lugar, uno mucho más formal, que quería sentirme segura a su lado y darle mi amor como siempre había imaginado. Me puse superromántica y como muestra de cariño le di algo muy especial, una cadena de plata que jamás me quitaba.

—Para mí tú eres esto, mi corazón —le dije en un susurro—, una parte importante de mi vida.

Sabía que a partir de ese momento nada sería igual. Solo que no me imaginaba qué tanto cambiaría mi futuro.

Las *relaciones abiertas* son un tipo de vínculo no monógamo, en su mayoría físico, sexual y en ocasiones sentimental en el que sus partes tienen total libertad para involucrarse de forma física o afectiva con otras personas, ya sea por exploración, roles o comodidad, siempre y cuando cada uno sea consciente y acepte este acuerdo.

1. En ocasiones tomamos decisiones de forma impulsiva. Las personas a nuestro alrededor no las comprenden o las ven de distinta manera, nos dan consejos que no tienen las mejores palabras y, en lugar de ayudarnos a sentirnos mejor, sucede lo contrario. Escribe aquí aquellas palabras que te hubiera gustado escuchar después de una mala decisión, o en lugar del típico "te lo dije".

_____

_____

_____

_____

2. Ejercicio a desarrollar: Veintiún días de meditaciones en la noche, se compartirán tres.

Notas sobre este ejercicio:
- Se establecen veintiún días porque son los que se necesitan para generar un hábito que, como tal, será parte de nuestra vida.
- Este ejercicio fue elaborado por una doctora de física cuántica.
- Nuestro cuerpo es un reflejo de nuestro pensamiento y corazón.

R E L A C I Ó N   A B I E R T A

La primera meditación es *Las cinco heridas del alma*, que se desarrollan cuando somos pequeños; cinco periodos álmicos: herida de mamá, papá, abandono, "aferre", etcétera.

La segunda meditación es *Yo soy*, porque es lo que uno cree. *Yo soy* es el poder de crear lo que eres, dices y sueñas. Es creer desde tu corazón y tu mente quién eres y qué eres capaz de hacer.

La tercera meditación es *Yo perdono*, es perdonarte a ti. Es parte de un proceso para perdonar a la niña interior y su vulnerabilidad. Porque si no lo aprendes, esa lección regresa más fuerte.

Cuando estás en una relación no todo es perfecto y también hay que hablar sobre las cosas incómodas. Al inicio del enamoramiento no decimos los *do* y los *don't* de lo que no estamos dispuestos a perdonar en una relación y eso traerá consecuencias más adelante.

Te invito a que reflexiones y escribas qué sí estás dispuesta a aceptar en una relación y qué no. Revisa y aprenderás lo que quieres y lo que no puedes permitir, te darás cuenta de que generalmente lo que no queremos es aquello de lo que no se habla, por eso es importante revisarlo con tu pareja por más incómodo que parezca. Este ejercicio funciona no solo para las parejas, también en relaciones con amigos, la familia y todos los demás vínculos que tienes.

Piensa en aquello que no estás dispuesta a perder y en las decisiones que tomas o piensas tomar para no lastimarte ni lastimar a los demás. Esta actividad es para ambas partes, ya que una vez que lo hablamos es importante escuchar a la otra persona y analizar si lo que pide es algo que puedes hacer. Recuerda que en toda relación uno puede aceptar o no este tipo de negociaciones.

CAPÍTULO

¿Cómo empiezas a hacerte a la idea de que estás enamorada? ¿Cuándo te das cuenta de que tu vida ha dado un giro inesperado y solo te imaginas el resto de tus días al lado de esa persona? Creo que en mi caso fue cuando dejaron de interesarme muchas cosas que antes hacía sola porque quería comenzar a hacerlas con Él, desde comer en un lugar bonito y dar una caminata hasta las tardes de películas y el enorme deseo por conocer el mundo. Era consciente de que así como lo nuestro se había dado de manera casi mágica, también teníamos más obstáculos que otras parejas, comenzando por la distancia y la falta de tiempo. Conforme pasaban los meses tenía que organizar mejor mi agenda, mover compromisos para que nuestras fechas fueran compatibles, hacer a un lado momentos con algunos amigos y en familia para vernos y buscar esos huequitos de tiempo para platicar y que se sintiera como si estuviéramos más cerca. Él hacía lo que podía, se dividía entre sus compromisos de trabajo, los proyectos que desarrollaba, el apoyo que le daba a su familia, pasar algunos fines de semana conmigo, y todo con la finalidad de que la relación funcionara. De repente me dije: Lesslie, esto es superformal, ¿y si Él es el amor de tu vida? Y la pregunta me rondó una y mil veces en la mente, tanto que creo que fue el principio de comenzar a hacer las cosas más grandes de lo que en realidad eran, las buenas y las malas, las que me daban seguridad cuando recibía amor, el tipo de amor que esperaba, y las que me vulneraban.

Soy una persona competitiva por naturaleza. Compito hasta conmigo misma y mi competencia más fuerte era con mis propios límites y decirme que simplemente no podía fracasar, me decía: Lesslie no fracasa, nunca pierde, logra lo que quiere porque se ha esforzado para que así sea. Llevé esto a cada aspecto de mi vida y con mis relaciones sucedió así. No pensaba en relaciones momentáneas sino que quería todo a largo plazo como siempre, lo idealicé porque iba a poner todo de mí en eso. Con el tiempo pasé de pensar que las relaciones eran para siempre y perfectas a creer que las relaciones existen y son valiosas cuando así las hacemos, pero no son para siempre porque se dan en ciertos momentos y te acompañan el tiempo que vivan. Pero tardé muchísimo para llegar a esta conclusión porque siempre pensé que el amor implicaba perfección, que las historias que nos contaron sobre cómo se vive un amor ideal es el motor para seguir adelante. Nos olvidamos de la hermosa aventura que es descubrir las virtudes y los defectos del otro porque nos enfocamos en que todo lo que constituya nuestra relación solo sea lo bueno, lo perfecto, y por consiguiente esto resulta inalcanzable.

La relación iba evolucionando, a veces juntos pero casi siempre separados o coordinando vernos en pequeños espacios, como fines de semana o vacaciones. En uno de esos espacios, cuando Él no pudo visitarme, yo fui. Mi familia ya lo conocía, se habían sentido tranquilos de saber cómo era y porque Él les demostró que me cuidaba y me quería, yo estaba en el mejor lugar si era a su lado. El amor también se transformaba en confianza y cotidianidad, pilares muy importantes para mí en una relación, por eso desde hacía tiempo era mucho más sencillo que yo me quedara en su departamento en lugar de llegar a un hotel. Una mañana se fue mucho más temprano que de costumbre, yo me quedaría respondiendo correos y nos íbamos a ver para ir a dar una vuelta después del desayuno, pero me mandó un mensaje justo antes de que lo alcanzara:

"Less, hay un evento en el centro, lo mejor es que no salgas porque si la gente te ve será incómodo; neta hay muchas personas y ya sabes cómo se pone esto".

Él tenía toda la razón, Puerto Todos Santos es hermoso y mágico pero si salía al centro a esa hora sucedería lo mismo de siempre, yo también provocaría caos y quizá perjudicara los negocios familiares. Le respondí que estaba bien, me esperaba un ratito, mandé el mensaje y seguí en lo mío, pero de repente pensé: Lesslie, estás vestida, arreglada, maquillada, qué desperdicio quedarte en casa, a ver, piensa. Tuve una idea: la vez anterior había dejado un gorrito y un *hoodie* en el departamento, nos los veía en la habitación, quizás Él los había guardado, así que por qué no buscarlos, ponérmelos para disimular lo más característico de mí, que es mi cabello, y alcanzarlo después.

El departamento no era muy grande, había dos clósets y seguramente estaba en uno de ellos; revisé el primero, donde sabía que tenía su ropa y artículos personales pero no vi nada mío, entonces fui al otro donde guardaba los abrigos y cobijas y cosas que casi no usaba, pero tampoco vi mis prendas. Qué raro, me dije, estoy segura de que eso lo dejé aquí. Seguí buscando hasta que me topé con una caja. La caja. No pesaba mucho e inexplicablemente me llamó la atención. En cuanto la abrí, quedé un poco sorprendida. Había ropa de mujer, un par de zapatos, algunas cremas, productos personales, un perfume que olí. A lo mejor son cosas de su hermana, porque de su mamá no creo, se ven muy modernas. Estaba a punto de cerrar la caja y buscar mis cosas en otro lado, cuando algo llamó mi atención, era un cuaderno. Al abrirlo y ver lo que decía, mi sorpresa se transformó en algo más, me quedé paralizada: estaba escrito en francés. Eran notas, apuntes y cuentas de no supe qué cosas y tampoco me interesaba, lo que sabía era que se trataba de esa lengua y punto. Las cosas no son de su hermana, me dije, son de Camille.

Inmediatamente, como si alguien me lo hubiera ordenado, saqué todo el contenido de la caja y lo acomodé en el suelo, para ver mejor, después abrí la página del café de Camille. Necesitaba una sola cosa que me confirmara que era así, y sucedió: en la caja había una gorra con el logo de la cafetería y también un par de blusas que perfectamente ella podría usar. Entonces el mundo se me vino encima: Él tenía las cosas de Camille, las guardaba, no supe con qué intención ni por qué. Me sentí mal, entre furiosa, confundida, dolida, ansiosa, empecé a llorar y no sabía si de rabia o de dolor, por sentirme traicionada y ofendida, por haber dormido a unos metros de las pertenencias de ella, por haber olido su perfume como tantas veces Él lo había olido. El tiempo pasó, los minutos, quizá las horas, mi teléfono sonaba, llegaban mensajes que no atendía, llamadas que se quedaron sin contestar, simplemente enmudecí ante lo que había visto. De repente, la puerta se abrió. Era Él. Mientras entraba decía que llevaba rato llamándome y... silencio. Me vio parada al lado de mi hallazgo.

—¿Qué hace esto aquí? —dije, mirando su semblante desencajado. Inmediatamente me preguntó si estuve revisando sus cosas—. Yo te pregunté primero, por favor, dime qué hace esto aquí, a unos metros de donde dormimos, en el mismo clóset donde guardo mis abrigos.

—Las tengo porque Camille vivió aquí, obviamente son sus cosas —respondió.

Quise gritarle, estaba furiosa por la manera en que me respondió, así como si nada, como si fuera cualquier cosa.

—No quiero ver eso aquí. Se supone que tú y ella terminaron hace tiempo, ¿no?, ¿o hay algo que yo no sepa?

—Exacto, terminamos, pero no acabamos mal y lo sabes, te lo he dicho todas las veces que has necesitado escucharlo —respondió, acercándose a las cosas de Camille para meterlas de nuevo a la caja—. Ella no está en Puerto Todos Santos, regresó a su país, no sé cuándo vuelva aquí. ¿Crees que sería caballeroso de mi parte tirar sus cosas, regalarlas o deshacerme de ellas? Estás haciendo esto más grande lo que es, Less, confía en mí. Te juro que lo único que sucede aquí es que le guardo una caja que le enviaré cuando ella regrese o, si no, quizá me pida que la regale pero son sus cosas y ella decidirá. Ponte un segundo en mi lugar.

Me quedé muda. Quería responderle que Él se pusiera en el mío, que pensara cómo me sentía al encontrarme con ese vínculo en forma de cosas tan personales, pero callé. Le dije cómo me sentía, Él me dio sus explicaciones, ¿entonces por qué estábamos mal?, ¿por qué no nos entendíamos?, ¿por qué tenía que respetar algo que me estaba haciendo daño? Sentí que había cosas inconclusas en su vida de las cuales yo no formaba parte.

—No podemos estar así —dijo casi en un susurro, cerca de mí, buscando mi abrazo—, esto no significa absolutamente nada. Para mí no hay nadie más que tú. Lo sabes.

—Solo no quiero ver esa caja aquí —respondí en voz baja por última vez antes de darle la espalda.

En algún momento, yo me convertí en el espejo de Él sin darme cuenta. Para mí sentir que tenía una rival me pegaba durísimo precisamente en lo que más me dolía, que era mi ego. Caí en dinámicas muy nocivas no solo con ella, a quien consideraba mi competencia, sino conmigo. Constantemente me decía: es que a mí tienes que elegirme ante todo porque yo soy la mejor opción, soy todo, ella no. Fue muy fuerte darme cuenta de que estaba replicando con ella y con otras mujeres que consideraba mi competencia estos patrones tan duros de comparación al grado de pensar que por el simple hecho de ser yo la otra persona, no era nadie.

Además de fuerte, admitirlo me resultó vergonzoso cuando me di cuenta de hasta dónde me llevaban los celos, pero más que celos, la inseguridad, no hacia ella o ellas, sino hacia mí porque tan solo era una muestra de lo que sucedía en mi, interior. Quería el amor incondicional de alguien ajeno a mí, sobre quien yo no podía ejercer mi voluntad, porque el amor no se trata de ejercer la voluntad por encima de nadie, pero yo no conocía esa forma de amar con libertad porque antes no había llegado a ella. No me quería a mí misma lo suficiente y canalizar este malestar en otro era la salida más sencilla. No solo sucedió conmigo, estoy segura de que todos en algún momento hemos estado así, o por lo menos muy cerca.

Los días siguientes fueron difíciles. Regresé a la ciudad solo para irme porque mi viaje a Puerto Todos Santos era para estar juntos antes de una serie de presentaciones en el interior del país y una fuera de México. Mi vida tenía que continuar, yo debía estar bien física y anímicamente para darlo todo en los conciertos, pero me costaba trabajo porque a veces el peor enemigo de una misma es su mente, son sus sentimientos. Me dolía en el alma tener disgustos con Él porque ambos sabíamos lo difícil que era coincidir y pasar tiempo juntos, no íbamos a desperdiciarlo peleando, yo no era así, no me gustaba pelear ni perder la confianza, pero me sentía muy mal y de vuelta a mi casa tenía qué pensar qué hacer, cómo confiar.

El día que viajábamos fuera de México, de camino al aeropuerto, Él me mandó un mensaje:

"Que todo salga bien en tu viaje, preciosa. No olvides que eres lo más importante para mí. Cuando regreses te prometo que estaremos mucho mejor que nunca".

Le respondí que sí, todo mejoraría después de mi viaje. Respiré profundo y traté de dormir todo el vuelo. En cuanto llegamos le avisé que estaba bien y descansaría, pero si Él quería hacer una videollamada podría quedarme despierta. No contestó. Los mensajes no le llegaban y me quedé hasta tarde esperando que me respondiera, pero no lo hizo y me rendí. Claridad, Lesslie, claridad, toma estos días fuera de México para estar tranquila, cuando regreses todo se resolverá, podrás confiar y la relación regresará a la normalidad, me dije.

Esa claridad no llegó a mí, en su lugar mis decisiones se dieron de forma totalmente opuesta. Nadie sabe lo peligroso que es empezar a deducir cosas, sacar cuentas, tratar de hallar información que es mejor no conocer, entonces ¿una relación puede ser feliz cuando se sabe qué sucede en realidad? ¿Preferiría vivir en mi fantasía de que todo estaba bien o por lo menos era como Él me decía? Muchas preguntas daban vueltas en mi cabeza y no me dejaron en paz hasta que cedí: busqué las redes sociales de Camille.

Al principio lo hice con mucho cuidado, como no queriendo encontrar lo que en realidad deseaba ver, algo que corroborara mis teorías porque, honestamente, una tiene un ego que va hacia dos lados, por uno, el que se siente bien porque confirma que estaba en lo correcto al sospechar algo en particular, y el otro, el que resulta herido al dar con esa verdad. Al *stalkear* yo me jugaba mi estabilidad, sabía que tendría un golpe al ego pero necesitaba ver aquello que suponía y Él me ocultaba. El perfil de Camille tenía muchas fotos y de todo tipo, de su vida en su ciudad, su relación, algunas cuantas de la cafetería, lugares que visitaba, muchísimos antros, pero en los perfiles siempre están las fotos que uno quiere mostrar, yo necesitaba ver otras. Revisé las etiquetas, efectivamente, había información que hacía que mi corazón latiera muy rápido, que lo que sentía en el estómago me produjera un mareo y aun así continuaba viendo. Aunque Él no tenía redes sociales, yo conocía las de sus amigos, las novias y esposas de ellos, el círculo del que me había hecho partícipe, ellos la etiquetaron en un par de fotos; esas me llevaron a sus perfiles y a revisar una por una.

Encontré lo que estaba buscando y en ese preciso momento deseé no saber; la foto me dolió, me movió el piso hasta hacerme perder la fuerza. En la foto estaban varios de sus amigos, Él con Camille a un lado, muy cerca y quien los viera podría deducir que se conocen mucho más que como amigos. Vi la fecha: no solo ya salíamos, sino que fue un par de días antes de que nos hiciéramos novios formalmente. Y si pensé que mi sorpresa y mi malestar se terminaban ahí, estaba muy lejos de entender que una no tiene que abrir la caja de Pandora si ya sabe que todo lo que trae es sufrimiento. En otra foto, con los mismos integrantes, Él está con

Camille, tiene su mano en la cintura de ella y se ven felices. La fecha era de cuando nosotros ya estábamos juntos.

¿Hasta dónde una puede seguir sin que el dolor la paralice?, ¿cuánto de eso es suficiente para detenerse? Yo no lo supe, seguí buscando, yendo de una foto a otra, de un perfil a otro más, a revisar mi calendario, mis boletos electrónicos de los viajes que había hecho a Puerto Todos Santos para ver cuántos coincidían con las fotos de Camille y los amigos de Él. Vi una publicación de ella en el café y no me quedó duda de que coincidía con la vez que Él me mandó una *selfie* comiendo ahí. Entonces Camille no solo continuaba en la ciudad, sino que estaban en el mismo sitio porque, claro, Él había ido a verla. Todo me daba vueltas, comencé a llorar de coraje y también porque me dolía lo que acababa de ver, me sentía traicionada y como burlada, sentía que Él me había visto la cara y no podía dejar de preguntarme qué tanto de lo que me decía era cierto y qué tanto mentira.

Su teléfono sonaba pero no contestaba a mis llamadas por Whatsapp, mucho menos a mis mensajes. Vi la hora, no era tan tarde y Él a veces se desvelaba, entonces podía contestarme pero no lo hacía y eso solo aumentaba mi desesperación. Necesitaba una respuesta, gritarle, lo que fuera, porque no podía yo sola con la desesperación. La habitación de mi hotel comenzó a parecerme pequeña, me temblaban las manos y las sentía heladas, necesitaba aire, me dolía el pecho y no sabía si era por haber hecho un coraje así o, como dicen los cuentos, el corazón se rompe y no tenemos más que escuchar cómo se hace pedazos. Dejé el teléfono y salí a caminar, cuidándome de que mis hermanos no me vieran así porque de inmediato sabrían qué me pasaba y yo no quería que se molestaran con Él. Poco a poco la ansiedad fue bajando, respiré como una terapeuta me había dicho que lo hiciera, recuperé la calma y mis manos dejaron de temblar y recuperaron su temperatura.

Esa noche me costó muchísimo dormir. Mi cuerpo estaba cansado por el viaje y los ensayos de las últimas semanas, había planeado descansar y estar lo mejor posible al día siguiente que tendríamos *show*, pero no fue así, por lo que había visto se me había ido el sueño y solo pensaba en escenarios posibles: que Él estuviera con Camille y por eso no me contestara, que me engañara y lo hubiera hecho todo el tiempo que llevábamos juntos. Yo había abierto la caja de Pandora buscando fotos que lo delataran solo para comprobar que mis ideas habían sido las correctas, pero eso me estaba causando mucho dolor y ahora tampoco podía dejar de pensar si era mejor vivir en una mentira que me hacía feliz o conocer la realidad.

Recuerdo ese viaje como algo muy pesado física y anímicamente. Yo no estaba en mis cinco sentidos, me costaba concentrarme y eso me daba mucho coraje porque tanto esfuerzo, preparación, ensayos y trabajo en equipo podían venirse abajo gracias a mi desequilibrio sentimental; definitivamente no era esa persona ni quería serlo, así que, estando con mis hermanos y todo el equipo, le echaba muchas ganas aunque en la soledad de mi cuarto las cosas fueran diferentes. Lo que más me dolió fue que en el concierto no estaba dando lo mejor de mí a mis Polinesios, cuyo amor era lo único que me llenaba el corazón a pesar del dolor. Cuando Él por fin se comunicó, su respuesta no me dejó satisfecha:

"Perdón, hermosa, tuve un día pesadísimo, salí a la montaña a ver a unos proveedores, ya sabes que ahí no hay señal. Cuando regresé y vi tus mensajes estaba muy cansado para platicar, ¿cómo te está yendo?"

Sentí una mezcla entre alivio y seguridad, si en verdad se trataba de eso, entonces no tenía que sentirme mal, pero de repente recordé las fotos de Camille y de sus amigos. En ese momento fui a *stalkearla* y la única historia que había subido era ¡la de un cerro con árboles! ¿Casualidad?, ¿que ella subiera una foto curiosamente parecida al lugar donde Él había estado? No pude más y le marqué. Después de los saludos fui directo al tema:

—Me dijiste que no habías visto a Camille en mucho tiempo, entonces explícame por qué estaban juntos en la fiesta de Lena hace dos meses, cuando tú y yo ya andábamos.

—Less, te estás haciendo ideas tontas, de verdad, nada que ver. Ahora resulta que debo prohibirle ir a una reunión de amigos en común porque puedes molestarte. ¿Te estás escuchando? Además, ¿quién fue con el chisme?, ¿qué haces preguntando esas cosas?

—No son chismes, es la realidad. Imagina cómo me siento sabiendo que estoy lejos de ti y que en cualquier momento puedes llegar de casualidad a su cafetería mientras hablas conmigo o topártela en una fiesta, y de todo eso no me dices nada.

—Para que te pongas justo como ahora, Lesslie. Mira, de verdad estoy cansado, tengo mil cosas pendientes y seguramente tú también. Hablamos luego, cuando se te pase.

Colgó. Me sentía como en escena de película, no sabía que hacer o cómo reaccionar. Otra vez el dolorcito en el estómago, como un golpe, era la señal de que el coraje había ido demasiado lejos. Quería hablar con alguien y desahogarme, habían sido muchas emociones en tan poco tiempo, y como no podía hacerlo con mis hermanos, le llamé a Elsa, una de mis mejores amigas. Ella me escuchó con paciencia, no dijo nada hasta que acabé de contarle desde el enorme amor que sentía por Él, hasta la caja de cosas de Camille y lo que encontré en redes sociales. Mientras hablaba me sentía ansiosa, dolida, triste, avergonzada por mi conducta, tenía un remolino de emociones negativas y la sensación de que estaba atrapada en un dolor que me costaba reconocer.

—Pero no tienes nada de qué avergonzarte, Less —me dijo—, hiciste lo que mucha gente hace y encontraste cosas que a cualquiera le hubieran molestado. Ahora eres presa del monstruo de los celos, es normal, pero no es justo que eso te derrote. De verdad lamento escuchar tu voz con esta ansiedad, tú no eres así, pero esto va a suceder si quieres que suceda.

—Es que Él nunca me dijo que ella estaba en la ciudad, que se veían de casualidad si es que era así, no me contaba nada ni me tranquilizaba, ¿cómo puedo confiar si no me dice las cosas? —le dije y empecé a llorar de nuevo.

—A ver, Lesslie, precisamente, cómo vas a confiar si te oculta cosas. Pues simplemente tomando la decisión de permanecer en estas condiciones o arreglarlo y seguir juntos, o separados, no importa, lo importante es que estés bien, que te sientas tranquila, se supone que el amor es para eso, no para sufrir ni tener ataques de pánico.

Hasta que Elsa me lo dijo caí en cuenta de que había tenido un ataque de pánico, mi ansiedad rebasó los límites y aquellas sensaciones físicas tenían un nombre. Elsa y yo hablamos un buen rato, poco a poco mi malestar bajó y hasta nos reímos de otras cosas, igual que siempre. Me sentí mejor, más segura de mí misma, no iba a darle demasiada importancia a algo que solo eran suposiciones. Quería estar con Él y eso tendría que solucionarse a mi regreso, pero mientras, necesitaba tranquilidad. Cuando terminamos de hablar por fin pude comer y después dormir.

Había muchas cosas que me producían ansiedad o inseguridad, como la distancia y la comunicación. Ninguno tenía la apertura de escuchar realmente: pensábamos que sí porque oíamos algo que el otro nos decía sobre cierta situación que no le gustaba, pero no escuchábamos como debía ser porque no nos oíamos a nosotros mismos. Yo actuaba mucho calificándome y calificando la relación, mi *check list* estaba ahí todo el tiempo: trabajo y soy exitosa, correcto; viajo y genero ingresos, correcto; él me apoya en lo que hago, correcto; él tiene que hacer esto, correcto. No me detenía a considerar lo que él pensaba sino solo las cosas que salían bien de acuerdo con este estándar.

Siempre le he dado un lugar importante a los sentimientos, aprendí a no avergonzarme de ello solo porque a los demás les parezca exagerado, no hay una forma correcta de querer, el amor tampoco debe estar vestido de culpa y vergüenza, por eso algo que me parece profundamente triste es amar y sentirse apenado por ello. Mi amor hacia Él era muy fuerte pero había comenzado a mancharse de desconfianza por las cosas que me ocultaba y también por mi deseo de descubrir otras que de antemano sabía que me dolerían. Como pareja, la responsabilidad es de ambas partes. Idealizamos demasiado porque es lo que hemos aprendido y algo fuera de esa norma se nos hace impensable. Idealizamos que las cosas deben ser como nos las pintaron y cada vez más perdemos la comunicación asertiva o la simple comunicación, dejamos de lado la sensibilidad de ponernos en la situación del otro para comprender qué siente y cómo se siente en lo individual pero también en pareja. Me di cuenta de que no me sentía con la confianza necesaria estando con Él porque nunca antes había experimentado confianza plena en ninguna otra relación, no podía ser yo, tenía que ser la mujer perfecta porque eso aprendí y me lo creí.

El resto de los días de la gira tuve mucha ansiedad, buscaba siempre cómo bajarle a esas sensaciones pero inevitablemente caía en lo que durante años dije que no iba a hacer: convertirme en una *stalker*. Después de mi minipelea con Él vi otra publicación de Camille y me sentí super-avergonzada conmigo misma porque la foto que yo vi en las historias era de un bosque a las afueras de su ciudad, del otro lado del mundo. Ya iba a empezar a recriminarme y decirme toda clase de cosas negativas cuando recordé las palabras de Elsa: fuiste víctima de los celos y actuaste como muchas personas actuamos, solo que no decimos que somos así. Ella tenía toda la razón, celosos hacemos un montón de cosas sin pensar y cuando reflexionamos en ellas nos damos cuenta de que otros nos criticarían, tal como nosotros hemos criticado a quienes lo hacen.

—A ver, ya basta —me dije en voz alta—, es momento de respirar, hacer todo a un lado y tratar de seguir adelante, esto es un bache y no define tu relación.

Después de eso, organicé mis cosas pendientes y les dije a mis hermanos que saliéramos del hotel a dar una vuelta, aunque fuese chiquita, necesitaba despejarme y nada mejor que hacerlo con mis seres más queridos.

El tiempo pasó, la gira se intensificó, el cariño de quienes nos acompañaron me hizo muchísimo bien y a veces se me olvidaba que Él y yo habíamos peleado, pero cuando estaba sola me pesaba mucho el silencio, Él y yo casi no hablábamos, un *cómo estás*, *todo bien*, y ya, eso era todo. Acordamos platicar bien cuando yo regresara, le dije que sí, pero no me imaginé que romper con nuestra dinámica de mensajes, fotos y audios me haría sentir incompleta. A la distancia, Elsa bromeaba conmigo y me decía que dejara mi adicción y disfrutara el viaje, intenté hacerlo echándole ganas y *stalkeando* lo menos posible.

Sin embargo, un día antes de regresar, me topé con otra cosa que de verdad me hizo caer en las profundidades de los celos y el dolor, o al menos en ese instante pensé que esas eran las profundidades. Entré de incógnita al perfil de Camille y vi que tenía nuevas historias. Estaba en una fiesta, nada especial, salvo por los detalles que revelaban todo: había caras que conocía, ropa típica, definitivamente había regresado de su país y estaba en Puerto Todos Santos. Pensé en un par de amigos de Él, fui a sus perfiles y supe que estaban en la misma fiesta. Una cosa me llevó a la otra, llegué al perfil de uno de sus mejores amigos, que siempre iba a todos los eventos del grupo en el que se movían, él no tenía historias pero su novia sí, subió una de la pareja brindando y en otra estaba Él, guapo, feliz, sonriendo a la cámara. Otra vez el mundo se me estaba viniendo encima, fui de un perfil a otro, no cabía duda de que Camille y Él estaban en la misma fiesta con las mismas personas.

Esa noche, milagrosamente, después de ver las fotos, me quedé dormida, mi cansancio había llegado al límite. Al día siguiente, muy temprano, mi hermano tocó a mi puerta para decirme que ya nos esperaban para ir al aeropuerto mientras yo seguía empacando mi maleta. Me dormí tanto y tan profundo que fui la última en estar lista y eso medio encendió las alertas de mis hermanos porque quien siempre terminaba antes y era la líder del grupo en cuanto a puntualidad era yo.

—¿Todo bien, Less? —me preguntó mi hermano.

—Sí, tranquilo, lo que pasa es que se me movió un poco el horario y no pensé que volver a las giras me agotaría tanto, creo que necesito vitaminas —bromeé para hacer como si nada estuviera sucediéndome.

Mi sorpresa cuando aterrizamos y activé mi teléfono fue que tenía mensajes de él:

"Bienvenida a casa, preciosa".

Le respondí que muchas gracias, no quería decirle más porque estaba muy molesta. Me marcó por teléfono para decirme que estaba ahí, que había viajado a mi ciudad para recibirme en el aeropuerto y en ese instante sentí un remolino de emociones, pasé del coraje a la felicidad porque estaba sorprendida, no esperaba nada así. En cuanto estuvimos solos, hablamos de lo urgente:

—Ayer estuviste en una fiesta con Camille —le solté de inmediato.

—Lesslie, yo... a ver, ¿cómo es que sabes de la fiesta?, ¿me estás espiando? —dijo, volteando el reclamo.

—Estaba buscando sugerencias de restaurantes y hostales y el algoritmo me mostró una foto donde estabas con tus amigos, me llamó mucho la atención porque no tienes redes, entonces vi las etiquetas del evento y apareció tu amiga Camille. ¿Hasta cuándo vas a ocultarme que siguen viéndose?, ¡hasta cuándo! —dije, ya fuera de mí pero con precaución de no revelarme como una *stalker*.

—A ver, Lesslie, estás llevando esto demasiado lejos, te estás inventando cosas que nada que ver. Viste las fotos de la fiesta, okey, eso fue, una fiesta de aniversario de un club de restauranteros. Camille tiene una cafetería, yo me dedico al turismo, ¿no te parece lógico? Además, muchas personas a quienes quiero y admiro estaban en la celebración, ¿viste el tamaño del lugar? Si Camille estaba o no, no lo sé, no la vi. Estoy cansándome de todo esto, si lo que te molesta es que salga y conviva con las personas con quienes siempre lo he hecho, no puedo hacer nada al respecto, negocios son negocios, tengo que estar ahí me guste o no. Si no quieres creerme, entonces piensa si quieres seguir en esto.

Me quedé paralizada con sus palabras. En mi mente confrontarlo era más sencillo, sin embargo, una vez que las palabras salieron de su boca para mí fue terrible, un dolor me inundó y se manifestó en forma de lágrimas que no podía contener.

—Lesslie, créeme, de verdad eso no significa nada. Estoy contigo, lo de Camille se terminó hace mucho, necesito que confíes en mí porque quiero que sigamos juntos, es lo que más deseo.

No pude hacer otra cosa que no fuera abrazarlo y llorar en silencio. También necesitaba sacar esos demonios de mi mente, recuperar la confianza y salvar una relación que últimamente estaba llena de baches. Lo quería, no tenía duda, pero habían sido días difíciles y terribles.

—Quiero que sigamos —le dije—, que empecemos desde cero.

Permanecimos abrazados un tiempo, sin nada más que decirnos. Cuando quieres creer en la palabra de alguien, crees, haces lo posible por confiar, te echas la culpa, te dices a ti misma que eres una exagerada, que cómo pudiste desconfiar del hombre más bueno y honesto del mundo, de alguien que hace sacrificios enormes para estar contigo. Pero no nos detenemos a pensar en sus procesos, si los respetamos o estamos obligando a nuestra pareja a cumplir con nuestras expectativas dejando de lado lo suyo, por más incómodo que sea. Las ideas que tenemos del amor las hemos aprendido de los demás y, dependiendo de cómo nos las hayan dicho, tenemos dos opciones: seguir con ellas y decepcionarnos de cada persona que llega a nuestra vida porque no se ajusta a lo que hemos idealizado, o enfrentarnos al mundo con nuestros propios aprendizajes, por más dolorosos que sean.

Yo estaba en una cuerda floja: quería llegar a la meta de mi relación ideal con el mejor hombre del mundo pero a cada paso que daba la carga que llevaba en mis hombros era más pesada y en cualquier momento podría hacerme caer.

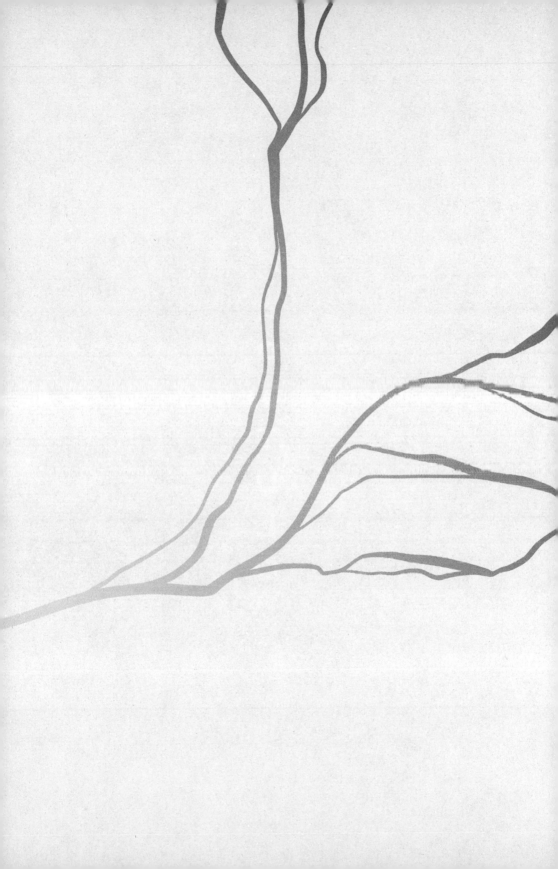

CAPÍTULO

ara mí los días en la casa de la montaña eran maravillosos. Se sentía increíble estar en un lugar donde nadie te reconocía y si lo hacían estaban más ocupados en lo suyo que en pedir una foto o grabarte a tus espaldas. Desde que mi exposición aumentó a tal grado que ir a un centro comercial o al cine se convirtió en algo dificilísimo, esas escapadas familiares eran un oasis que me devolvía la libertad. Mi familia y yo íbamos a la casa de la montaña una vez al año a desconectarnos del mundo, para pasar tiempo juntos y recargar pilas; teníamos actividades que iban desde salir a pasear en la nieve y hornear postres hasta pasar las tardes viendo películas, sin darle atención al internet o las obligaciones de las que casi nunca podíamos escapar, pero en aquella ocasión no pude ser la misma que era cada año.

Me sentía muy ansiosa, aunque Él y yo habíamos platicado para dejar las cosas claras y echarle ganas a nuestra relación, sin secretos ni mentiras, algo me mantenía intranquila. Me repetía en silencio que no debía abrir aquella ventana a eso que no podía controlar, como mi afición a seguir los pasos de Camille mediante sus historias y publicaciones a ver si Él me decía la verdad o me mentía. El internet en la casa de la montaña era limitado y yo, en lugar de revisar cosas importantes o poner al tanto a mis amigas acerca de mis vacaciones, trataba de hallar indicios de una mentira a través de las publicaciones de otros. No debí hacerlo pero caí en la tentación durante aquellos días en la casa de la montaña y a veces veía historias o fotos que me hacían sospechar. Una sombra de vergüenza y culpa me perseguía y yo la introduje a mi paz familiar. Después de pensarlo mucho tiempo, hablé con mi familia:

—Debo volver a casa —les dije mientras cenábamos.

—Hija, ¿pasa algo?, todavía tenemos una semana más de vacaciones —respondió mi mamá.

—No, nada, todo está bien. Olvidé decirles que Él y yo teníamos un compromiso con unos amigos suyos, hay una boda en unos días y... la verdad es que me encantaría acompañarlo. Hoy vi vuelos, hay mucha demanda por la temporada y creo que si no lo compro esta noche para irme pasado mañana, simplemente no alcanzaré a llegar.

—Nuestra Lesslie ya se hizo mayor —bromeó mi hermano—. Así es tener novio formal, algunas fechas las pasarás con Él y otras con nosotros.

—Solo no te olvides de llegar a nuestros cumpleaños, Less, porque eso sería imperdonable —respondió mi hermana.

Respiré tranquila, mi familia comprendió muy bien mi situación y no me hicieron más preguntas. Lo que les dije era verdad, había una boda a la que estábamos invitados desde hacía meses pero no era indispensable que yo fuera, sin embargo, tenía algún tipo de necesidad de estar con Él y calmar mi ansiedad. En mi cabeza eso evitaría que Él fuera a lugares para encontrarse a Camille, por eso le di toda mi atención y también dejé a un lado a mi familia. Con el tiempo todo eso me lo reproché, no había sido fiel a mis prioridades. En el trayecto me sentía un poco culpable por haber dejado a mi familia en nuestras vacaciones tan deseadas y que eran nuestro tiempo de mayor felicidad pero también necesitaba estar despejada y eso era lo que buscaba yendo con Él.

Hicimos que el tiempo juntos valiera la pena, viajamos un poco por los alrededores de Puerto Todos Santos y en esos momentos de alegría y paz yo estaba totalmente segura de que hacía lo correcto, que sus atenciones eran la mejor definición de amor y que tenía que hacer a un lado las ideas que había alimentado buscando cosas que no valía la pena saber y mucho menos ver y engancharme con ellas. Una tarde, estando juntos, vi un par de libélulas volando cerca de nosotros.

—Cuando aparecen siento una profunda paz —le dije sin dejar de mirar el vuelo de las libélulas—, como si todo a mi alrededor se pusiera de acuerdo para que las cosas estuvieran bien en mi vida.

—Trato de que sea así —me respondió—, quiero que momentos como este sean lo que mueva nuestra relación.

¿Cómo no creerle y confiar en él si cada detalle suyo era felicidad absoluta? Siempre pensaba en cómo nuestra relación me hacía tomar decisiones con mayor seguridad, desde empezar a viajar sola hasta plantearme la posibilidad de un futuro juntos, a largo plazo, mi sueño de estar en pareja y formar una familia. Necesitaba dejar atrás mis obsesiones y seguir porque una relación tiene que construirse con lo mejor de cada uno para hacer frente a las adversidades, y yo en verdad me empeñaba en ver lo mejor de Él, aquello de lo que me había enamorado.

Pero ¿era lo que Él quería? Me hubiera gustado saberlo en ese momento antes de poner todos mis sentimientos en juego.

———

Con el paso del tiempo, mis visitas a Puerto Todos Santos se hicieron más frecuentes. Nuestras ciudades no estaban cerca, ir implicaba terminar todos mis pendientes desde el viernes temprano, tomar un vuelo, descansar esa noche con Él y pasar juntos el fin de semana para despedirme el domingo por la tarde o despertar supertemprano el lunes y llegar a tiempo a mis ensayos y reuniones. Mi rutina se intensificaba una vez que retomamos la gira y teníamos muchísimos proyectos en mente, era cansado pero valía la pena y, a pesar de mi agenda apretada, siempre era más sencillo que yo fuera a verlo y no que Él me visitara.

La historia que construí para mí y quienes me rodeaban era la obvia: quería estar al lado de mi novio, pero secretamente lo hacía porque estando juntos me aseguraba de que no viera a Camille y aunque no podía evitar ir a ciertos lugares donde quizá nos lo encontraríamos, al menos sabía que si eso sucedía él se comportaría con la indiferencia hacia ella que me había jurado que tenía. Quería que los demás percibieran nuestra relación como lo que yo me imaginaba: que todo estaba bien porque yo no podía estar en una relación que tuviera fallas o donde quedara expuesta. Me incomodaba mucho saber que la sombra de una expareja estaba ahí a pesar de que yo era la novia formal, la mujer exitosa que se esforzaba todo el tiempo para que las cosas marcharan a la perfección; entonces, como a mí me incomodaba saber que en la realidad teníamos problemas como quizá cualquier otra pareja los tendría, mucho menos quería que los demás estuvieran al tanto. No había lugar para un "pobre Lesslie", "mejor déjalo". De ninguna manera, pensaba, todo tendría una solución.

Aquellos días, durante un puente, estaba muy entusiasmada porque pasaría un día más a su lado. Era chistoso cómo doce o veinticuatro horas pueden convertirse en lo más preciado si las compartes con la persona que amas y qué felicidad se siente cuando puedes acomodar las cosas a tu favor. Compré el último vuelo un día antes de la fecha acordada y llegué a tiempo para darle una sorpresa. Recuerdo que mis amigas con parejas siempre bromeaban con que una no debe llegar de sorpresa porque puede terminar siendo la sorprendida, pero yo, a veces impulsiva, amaba romper las reglas. Como Él constantemente me sorprendía con cenas superrománticas en lugares increíbles, me tocaba hacer algo similar. Le pedí ayuda a un amigo para reservar en un lugar muy hermoso y que lo decoraran a mi gusto, y no solo eso, les pedí que llevaran a un trío de jazz para que tocaran una hora porque justo en esos días celebrábamos meses de novios. Todo iba a la perfección, mi amigo Alonso pasó por mí al aeropuerto y me llevaría al lugar donde habíamos preparado la sorpresa. Previamente le dije a Él que había encargado un postre y necesitaba que pasara a recogerlo a ese restaurante a una hora en particular, ni antes ni después. Estaba un poco dudoso pero me creyó y me mandó un mensaje para decirme que iba en camino, justo a tiempo para que yo lo sorprendiera. El corazón me latía a toda velocidad, estaba muy emocionada con nuestra noche muy especial, pero de repente me llegó otro mensaje:

"¿Segura que es aquí?, parece una fiesta privada".

Me reí porque quizá más o menos había visto la sorpresa y por eso dedujo que era una fiesta privada. Le respondí que sí, era ahí. Como mi amigo y yo estábamos muy cerca, la sorpresa sería un éxito, sin embargo, no fue así, al menos no como yo lo había planeado. Cuando nos estacionamos y corrí para sorprenderlo no tuve tiempo de reaccionar ante lo que sucedía. En efecto ¡había una fiesta! Alguien reservó en la terraza principal y mi reservación, que era en el ático, el lugar de mayor intimidad del restaurante, era de difícil acceso porque para llegar al ático había que pasar por la terraza y esa fiesta eran unos quince años. No puede ser, no puede ser, no puede ser, me repetía una y otra vez, mi amigo tampoco sabía cómo reaccionar porque esto estaba fuera de nuestros planes. Todo empeoró cuando una persona me reconoció y se inició un alboroto, gritos, celulares, escándalo. Alguna niña gritó ¡aquí está Lesslie!, y mi única reacción fue salir corriendo. Él me vio a lo lejos y tuvo que contenerse las ganas de abrazarme o darme un beso por la cantidad de personas que estaban cerca y con sus teléfonos en la mano, la sorpresa se había arruinado y tuvimos que pedirle al dueño del lugar que disimulara nuestra presencia para llevarnos al ático casi de incógnito, puesto que nuestra relación no era pública.

—Less, ¿por qué esto? —me preguntó Él y yo sentí algo de reclamo en sus palabras—. Sabes que es superarriesgado hacer estas cosas, no te imaginas cómo se pone la gente, lo que hacen cuando saben que estás aquí. Además, es fin de semana feriado, es lógico que habrá fiestas en todas partes. Y por si fuera poco con las casualidades, unos quince años, estas chavas pertenecen a tu *fandom* más fuerte.

No sabía qué responder, yo solo había querido romper la rutina, ser detallista, preparar algo hermoso para celebrar un mes más juntos y olvidé que estas cosas sucedían, que no podíamos vivir nuestra relación como cualquier pareja y aunque le pusiera todo mi empeño a no perjudicarlo, terminaba haciéndolo sin querer. En mi reflexión tan dolorosa me di cuenta de que no pensé en mí y mis consecuencias en redes o lo que se dijera de mi vida privada, sino en no perjudicarlo en su trabajo o que alguien lo exhibiera a Él y su familia o los relacionaran con mi intimidad. Ya no había vuelta atrás con ese episodio, había decenas de personas abajo esperando que yo saliera del ático.

—Ni hablar, Lesslie, ya estamos aquí, la cena está servida, los músicos están en su lugar y lo mejor es que sigamos con esto —respondió, un poco más resignado que entusiasmado—. Solo que vamos a tener que esperar un buen rato hasta que sea seguro salir.

Tenía razón, lo bueno era que teníamos suficiente comida y bebidas en caso de que la cena se prolongara por tiempo indefinido. A partir de ese momento hablamos de nuestro tiempo juntos, nuestros planes y las cosas que nos gustaban, poco a poco empezamos a relajarnos, hasta nos reímos de nuestras caras cuando vimos a decenas de adolescentes rodeándome y entre risas nos pusimos a revisar la lista de cosas por hacer ese fin de semana. Yo quería ir a la playa, teníamos una muy cerca y valía la pena acampar ahí, o si no, podíamos ir a unas cabañas en la montaña, yo las conocía de un viaje con mis hermanos y me encantaban.

—Será difícil, Less, como es fin de semana feriado vienen muchos turistas y preparé una reunión con unas personas interesadas en invertir en el proyecto del que te conté, pero te prometo que para la próxima hacemos lo que tú quieras.

Suspiré. No importaba, nuestra vida en común sería así, unas cosas por otras, mis viajes y eventos de un lado y sus planes del otro. No me quedaba más que aceptar y tratar de convertir ese fin de semana en algo especial para ambos. Sin embargo, sucede que una planea, se emociona, piensa en qué cosas pueden mejorar y al final un detalle arruina toda esa planeación. El fin de semana largo se convirtió en un encierro. Por la cantidad de visitantes que tenía la ciudad, fue superdifícil salir, el único día que lo hice y fui a uno de los negocios de sus papás, se armó un caos. La terraza privada tenía un evento de degustación de tequila, Él era el anfitrión, así que me quedé con su mamá en un saloncito que se usaba para eventos más pequeños pero a cada rato entraba y salía gente porque precisamente ahí tenían piezas de la galería. La primera persona que dijo que estaba ahí corrió la voz y me tomé fotos con quienes me reconocieron, aunque al inicio no fueron tantos porque nunca me quité el gorro y logré pasar desapercibida, en una hora ya había varias personas esperándome. Estuve con ellos bastante tiempo hasta que Él se desocupó y me llevó al departamento. Me sentía avergonzada pero hice lo posible para no contribuir más al malestar de alguno de los dos. Mi plan de pasar tiempo de calidad fuera de esas cuatro paredes había fallado.

Ya en casa, a punto de poner una película para relajarnos, Él me dijo:

—Less, me encanta tenerte aquí, que convivas con mi familia y pases conmigo todo el tiempo posible, pero honestamente a veces siento una carga extra porque debes ocultarte siempre, me da miedo que te pase algo si no puedo estar al pendiente de ti —me dijo en voz baja.

—Pero nada ha sucedido, me he cuidado bien, Puerto Todos Santos no es peligroso y no creo que...

—No es por eso, Less. Hace varios días subieron una publicación a Instagram donde decía que somos novios, luego a otras redes y poco a poco se viralizó. Obviamente eso no me molesta pero ha llegado gente a los negocios, incluso a la galería, a ver si estás ahí. Se ha corrido el rumor y sé que mis papás no te comentarán pero hasta a ellos les han preguntado si es cierto.

No tenía nada que responder a eso. Era cierto, alguien ya me había dicho sobre algunas publicaciones y me daba muchísima pena que mi presencia los perjudicara ¿pero qué podía hacer?, ¿dejar de salir, quedarme encerrada como siempre, dejar de ir a su ciudad cuando Él no podía ir a la mía? De quien hablaban era de mí, sin embargo yo era la que había llevado todo eso a los negocios de su familia y de una forma u otra interrumpía su calma, me sentía culpable por algo que se escapaba de mis manos. Poco a poco empezaba a sentirme exhausta del enorme esfuerzo que hacía, tanto en mi relación como en lo que estaba alrededor de nosotros.

—Mejor no pensemos en eso y descansemos, vamos a ver esta película o la que quieras —respondí—, de verdad no quiero hablar de esto.

Él me dio un beso, me abrazó y con ese abrazo sentía que el mundo estaba bien y yo me encontraba en el lugar correcto, adonde pertenecía mi corazón, pero en realidad estaba consciente de que las cosas no mejorarían pronto y quizá solo se perfilaban para complicarse cada día más.

———————

Recuerdo ese fin de semana con muchísima claridad aunque bastante tiempo intenté enterrarlo en mi memoria en la categoría de cosas y situaciones desagradable que no desearía volver a vivir. Él tomaba el primer trago del día desde temprano, y aunque jamás me obligó a beber o se puso grosero a causa de la bebida, no era algo con lo que yo conviviera, sin embargo, detonaba otras cosas que no me agradaba presenciar. El último día me dijo que fuéramos a una comida con sus amigos, se reunían para despedir a alguien que se iba de viaje. Conforme avanzábamos por la calle comencé a identificar algunos lugares que había visto primero por internet y después en un par de paseos por ahí. No cabía duda de que estábamos en la cafetería de Camille. Entré un poco nerviosa, lo último que quería era encontrármela pero si no lo hacía nunca sabría qué tan cierto era que ya no le producía nada, quizá lo mejor era observar cómo se comportaba delante de ella. Durante un rato no la vi, me sentí tranquila, quizás Camille no estaba en la ciudad o simplemente no tenía que ir a un evento de los amigos de Él, pero mi seguridad duró poco cuando la vi llegar. Camille, como dueña de la cafetería, saludó a la mayoría, parecía que se llevaban muy bien, que les daba gusto que la despedida se celebrara ahí. Yo los observaba en silencio, nada de lo que hicieran me quebraría ni arrebataría la tranquilidad.

—Less, no pasa nada —me dijo Él cuando la vio a lo lejos—, ya te dije que somos amigos y nada más, yo estoy contigo y ella no me importa.

Camille se quedó a lo lejos, atendiendo algunas mesas pero cada tanto sus amigos se acercaban a saludarla, incluso más que a mí. Pensé en lo frágil e hipócrita de la amistad de varios de ellos, de Él que no le quitaba la vista de encima incluso cuando se dio cuenta de que yo percibía la manera en que la miraba. En un instante casi imperceptible noté cómo le sostenía la mirada y ella le sonreía, el corazón me dio un vuelco, sentí rabia, ganas de llorar y mi impulso fue levantarme, pero Él me tomó de la mano y me dio un beso.

—No me siento cómoda aquí —le dije.

Me di cuenta de que Él ya había tomado lo suficiente pero eso, así como mi molestia, parecía no incomodarle, estaba feliz, en su medio, rodeado de sus amigos y mirando los pasos de Camille.

—Estás celosa, Less. Ya te dije que entre nosotros no hay nada, deja de imaginarte cosas que no son desde hace mucho.

—Ay, ya, por favor —le respondí entonces sí bastante molesta—. El alcohol te delata, no puedes dejar de mirarla porque para ti esto no ha acabado. Si no nos vamos juntos no importa, yo me sé el camino.

—Sabes que la quise mucho, fue muy importante para mí, Less, éramos amigos, nos llevábamos muy bien, nunca te he ocultado nada de eso —respondió, y quizá no se dio cuenta del daño que me hacía con sus palabras, o sí, y de ser así, qué poco amor me revelaba—, pero se terminó hace tiempo. No quiero lastimarla haciéndole una grosería.

Dentro de mí sabía algo de lo que Él claramente no era consciente o solo no quería decírmelo, pero las mujeres tenemos la intuición muy desarrollada. A lo largo de la vida yo he aprendido a detectar las mentiras porque es de las cosas que menos me gustan de las personas. La mentira no es que la castigue, va más allá, va de la transparencia de tu ser a realmente ser genuino con uno mismo, y a veces he llegado a pensar que la mentira es la manipulación de una acción. Así que prefiero a las personas que son reales con uno mismo, es como lo más genuino que uno puede ser. Yo, por mi parte, no estaba siendo genuina conmigo porque continuaba aceptando posiciones que me ponían incómoda por el simple hecho de que las conversaciones difíciles se quedaban a medias: yo reclamaba, Él me daba sus explicaciones que no eran coherentes con sus acciones; nunca llegábamos a un acuerdo. La relación era hermosa, no podía negarlo, pero estaba llena de momentos en los que sentía que nada estaba bien, siempre había fantasmas del pasado que no tenían que ver con mi concepto de *relación ideal* porque eran asuntos no resueltos.

Él solo suspiró. No valía la pena decirle nada más, con sus acciones me demostraba qué era lo que en realidad gobernaba su corazón. Me fui de la cafetería sin despedirme de nadie, no quería ver a esas personas un minuto más, acababan de revelar exactamente quiénes eran y cómo se comportaban cuando yo no estaba ahí, porque a pesar de estar físicamente, era como si no estuviera. Él me siguió, le pedí las llaves pues preferí manejar al departamento, quizá así se me pasaría un poco el coraje.

Por la noche me costó mucho trabajo dormir. Él se quedó dormido en cuanto llegó, yo solo lo miraba y pensaba en los últimos días, en mi esfuerzo por sacar adelante una relación que quizá no era para mí pero que no quería perder por ningún motivo, aunque ese motivo tuviera nombre y apellido. Cuando Él despertó al día siguiente yo ya había preparado mis maletas y estaba por pedir un taxi para que me llevara al aeropuerto.

—Espera, dame un par de minutos, me baño rápido y te llevo, no puedo dejar que te vayas sola —me dijo, mientras iba a darse un baño.

A pesar de que yo continuaba molesta, no quería irme de esa manera. Le dije que sí y esperé que estuviera listo para ir a tomar mi vuelo. Aquella despedida fue como tantas, con la promesa de volver a vernos la siguiente semana o dentro de dos, pero algo había empezado a quebrarse dentro de mí, una ruptura silenciosa e irreparable ya me habitaba en lo más profundo.

Mis personas más cercanas, como mis hermanos y un par de mejores amigas con quienes había platicado, me percibían de forma diferente y notaban que algo en mí no estaba en paz. Es muy difícil escuchar a esas personas cuando quieren darte un consejo, a pesar de que los ames mucho y tú sepas que te lo dicen porque se dan cuenta de que no estás bien. Me sucedió que estando en pareja comencé a cambiar mucho porque pensaba que era lo que la otra persona quería de mí, sin que fuera cierto porque nunca me pidió cambiar o ser más como Él, simplemente era lo que yo interpretaba y pensaba que debía hacer.

Cuando modifiqué muchas de mis conductas, como que empecé a salir de fiesta cuando eso nunca me había interesado, mis personas cercanas se dieron cuenta y me recomendaron cuidarme, pero no quise escuchar. Por lo general no lo hacemos, decidimos que todo lo que pensamos está bien simplemente porque ya lo pensamos y creemos que podemos tener el control absoluto, pero en realidad estamos perdiendo el control que de verdad importa, y es sobre nosotros y nuestra esencia. Hasta que llega el balde de agua fría y dices "ya no más". Cuando el malestar es tan grande, reconoces que esas advertencias tenían sentido no porque lo que hicieras estaba mal, simplemente porque no eras tú quien lo hacía, sino la versión que creaste para agradarle a alguien más. Es una sensación similar a que el telón de una obra de teatro se cae, porque la historia que inventas de ti y de tu relación idealizada es una actuación, una puesta en escena.

- ¿Qué es una adicción?

- ¿Qué pasa en nosotros cuando estamos expuestos a una?

- ¿Las adicciones se heredan?

Nos hacemos muchas preguntas cuando queremos culpar a todo nuestro entorno y las circunstancias para cubrir una adicción. Creamos enormes vacíos internos que no terminan de ser satisfechos y se alimentan de negatividad.

Cuando hablamos de adicciones, lo más común es que pensemos en la dependencia física a una sustancia que puede llegar a provocar alteraciones cerebrales y derivar en el deterioro físico y mental de quien la experimenta, incluso en enfermedades. Quien padece una adicción difícilmente puede controlar su consumo y dependencia a la sustancia a la que es adicto, ya que le brinda una sensación de bienestar a corto, mediano y largo plazo. Pero además de las adicciones a sustancias hay adicciones de conducta, como al juego, a otras personas, al sexo, al trabajo, etcétera. Entre ellas hay algunas que nos afectan más psicológica que físicamente, tal es el caso de la adicción a ciertos pensamientos obsesivos que perjudican nuestro razonamiento y nuestro entorno, y que pueden llegar a controlar nuestra realidad.

Con el tiempo me di cuenta de que yo era adicta a pensar que me engañaban y eso me estaba acabando.

Hay una frase muy fuerte que recuerdo todo el tiempo y tiene un gran significado: "dicen que morimos a los treinta y nos entierran a los ochenta", y estoy de acuerdo con ella porque es cierta, dejamos de soñar y de sentir, vamos viviendo cosas que nos amargan y nos vuelven serios, enojones y antipáticos. Llegamos a un estado mental en el cual nos olvidamos de jugar con la vida y de bromear. No es un *deber ser*, es *quiero ser*.

En ocasiones nos aferramos a algo con muchísima fuerza porque pensamos que si no lo tenemos estamos incompletos, sentimos ansiedad cuando no está cerca o no forma parte de nosotros. Poder entender cuáles son nuestros vicios y cómo salir de ellos es más fácil de lo que nos imaginamos; para eso debemos comprender qué es lo que más nos está afectando de una situación determinada, qué nos hace más mal que bien.

A veces sucede que esta ansiedad también está enfocada hacia ciertas personas y circunstancias. Podríamos decir que nos convertimos en adictos a ellas porque tenerlas cerca nos brinda bienestar, entonces buscamos constantemente controlar la situación para que esa satisfacción y tranquilidad sean más duraderas, y pasamos por alto lo que nos vulnera y es nocivo. Pero, aunque largo, hay un camino para salir de relaciones "adictivas" y aprender a vivir en el mejor equilibrio posible.

Quiero que juntos hagamos un ejercicio para entender cuáles son aquellos pensamientos constantes que se apoderan de nuestra tranquilidad o en los que ocupamos más tiempo del necesario. Este ejercicio me ayuda cuando tengo muchos pensamientos y no sé ni cómo sentirme porque no puedo identificar cuál en realidad se relaciona con lo que estoy sintiendo, qué me produce, por qué está ahí.

En este momento comencemos: vas a escribir en una libreta durante diez minutos todos lo que estés pensando, no importa que sean buenos o malos pensamientos, que haya coherencia entre ellos o signifiquen algo, aquí no vamos a juzgar, simplemente liberaremos los pensamientos que tenemos dentro.

Ya que los tengas por escrito, organízalos en tres grupos:
1) neutros
2) positivos
3) negativos

Después revisa cuál es el pensamiento que más está absorbiendo tu energía o qué es lo que te está afectando y provocando una inseguridad. Analiza por qué experimentas esta sensación y por qué crees que se detonó. Ahora también pregúntate cada cuánto pasa eso y cómo tratas de evitarlo.

Como seres humanos llegamos a tener varias heridas del alma que van saliendo a la luz a lo largo de ciertas experiencias, vivencias o pensamientos, incluso de forma involuntaria. Para ayudar al subconsciente tengo unas meditaciones que me han servido mucho para localizar de dónde viene esa herida de la infancia, la de mis pensamientos de no sentirme suficiente, de no aceptarme.

Las cinco heridas del alma

Sanar tu infancia

Abraza tus sombras

Acepta tu cuerpo

Pensamiento destructivo

CAPÍTULO

7

D esperté de repente. Quizá lo que más me asustó aquella noche fue el grito que se quedó ahogado en mi garganta, y yo no sabía si venía de mis pesadillas o de una realidad que empezaba a sobrepasarme. Llevaba algunas noches durmiendo mal, me despertaba un par de veces de madrugada y me costaba trabajo volver a dormir, al principio pensé que era el estrés de los ensayos y el regreso a un montón de actividades, pero me engañaba a mí misma, la ansiedad me la producía la tormenta de pensamientos en torno a Él y cualquier cosa que pudiera estar haciendo, sobre todo con Camille. Seguí haciendo algo que en ese instante no me reproché pero sentía que era lo mejor: *stalkear* desde otra cuenta. Antes había escuchado eso de mis amigos o conocidos y se me hacía mala onda, ¿qué tan mal tienes que estar para asomarte a la vida de alguien que a lo mejor ni te pela solo para saber qué hace?, y peor aún si es desde otra cuenta; realmente no me sentí a gusto haciendo eso pero era la forma de encontrar respuestas. Siempre he tenido una intuición muy fuerte. si esa intuición me decía que podía hallar una respuesta, estaba dispuesta a mirar porque tal vez así podría comprenderlo mejor, entrar en su mundo, que a veces se cerraba ante mí como suele suceder con algunas parejas.

Empecé a sentir y vivir la ansiedad en muchos sentidos, y algo que me costó mucho trabajo fue darme cuenta de que lo que más odio es lo que replico. En un ejercicio, me preguntaron qué no soporto y dije que algunas órdenes que dicta la religión porque me parecen frías, con muchas normas, impositivas y yo consideraba que no iban conmigo porque creía que no era así. En ese proceso de análisis y autoconocimiento llegué a la conclusión de que justo de esa manera era como yo catalogaba a las personas. Siempre me fijaba en sus acciones y su libre albedrío y las juzgaba por ello, cuando en realidad yo no me permitía esa misma libertad y lo que me quedaba era señalarla en otros con el argumento de que sus decisiones estaban mal.

Me di cuenta de que satanizaba mucho, por ejemplo, la infidelidad, así como los errores de los demás. Y eso es justo lo que hacen algunas religiones, juzgarte por una acción, buena o mala, catalogarte, señalarte, sin conocer el contexto, sin escuchar ni saber a profundidad qué sucede. Entendí y me entendí: no quiero convertirme en esa persona que señala sin saber, que dice qué es lo bueno y qué es lo malo únicamente por lo que piensa o le enseñaron, entendí que me hacía un enorme daño viendo negro o blanco.

Sabía que *stalkear* no era lo mejor, había caído justo en lo que tanto me chocaba pero tenía los mejores argumentos o los que a mí me parecían los correctos: *Él y yo estamos tratando de llevar la relación lo mejor posible pero no quisiera confiar al cien por ciento para no estar en desventaja, o tengo que saber la realidad aunque no me guste, o quizás no me miente pero es mejor corroborar que las cosas no son tan graves como me imagino.* Esos y muchos pensamientos más, que en lugar de darme la tranquilidad que necesitaba para estar en una relación de forma sana, solo me ponían ansiosa la mayor parte del tiempo. No estaba siendo honesta conmigo misma pero quería saber un poco más y que eso me ayudara a mejorar la comunicación y el futuro de la relación. Quizá de esa forma podría tomar decisiones que me dieran paz.

Él y yo decidimos echarle ganas de nueva cuenta, empezó a visitarme más y yo también esperaba superemocionada que llegara el viernes para tomar mi maleta e irme de inmediato a verlo. Hasta ese punto ya estaba rodeada de *red flags* que no eran cualquier cosa, pero no les hice caso, una de ellas y quizás de las más alarmantes fue que empecé a irme de fiesta cuando para mí la definición de un fin de semana perfecto es quedarme en casa, cenar rico y ver películas. A Él le gustaba ir de un bar a otro, saludar a sus amigos, socializar, platicar con los turistas, tomar un trago y uno más, y yo no, pero a veces quería seguirle el ritmo aunque eso no fuera lo mío y al día siguiente me despertara cansadísima y con dolor de cabeza por no estar acostumbrada a los tragos raros (y qué bueno porque ni me gustan). Sin embargo, lo hacía porque sentía que era lo que Él esperaba de mí a pesar de desdibujarme poco a poco.

—Ay, ¡hola, qué bueno que viniste! —me saludó una chica en una fiesta a la que Él me llevó—. Hasta que se nos hace conocernos, todo mundo habla maravillas de ti.

Rápido, cerebro, rápido, reconócela, me dije, pero fue inútil, no di con el nombre de esa chica hasta que después de un rato de platicar cosas sin sentido para no delatarme vi que se fue con uno de los mejores amigos de Él ¡y le dio un beso en la boca! No puede ser, me dije, ¿y su esposa?, ah, claro, está en la casa con la niña chiquita, él vino solo y trajo a esta chava. Él se me acercó y me preguntó si estaba bien, por qué tenía esa cara, si ya quería irme.

—No puede ser que me hayas traído a una fiesta donde están las chicas no oficiales de tus amigos, tú sabes que me llevo con sus esposas.

—Ay, Less, por favor, no hagas un drama, ellos saben lo que hacen. No deberíamos meternos —me respondió. Cuando escuché su dicción a medias me di cuenta de que ya se le habían pasado algunos tragos.

—Es muy hipócrita, ¿sabes? —le contesté de verdad muy molesta—, a lo mejor ustedes están acostumbrados a eso pero yo no, ¿con qué cara voy a saludar a las esposas si ya conviví con estas chicas?

—De verdad estás haciendo una tormenta en algo sin sentido —dijo Él, y más me molesté cuando agregó—: estas chavas no significan nada para ellos, eso creo, solo están pasando el rato, relájate.

No iba a relajarme. Tampoco era la primera vez que veía algo así, que esos tipos engañen a sus novias y esposas, pero ahora había sido el colmo porque Él conocía mi incomodidad y continuaba exponiéndome a situaciones desagradables.

—Claro, como a Camille no le importan las infidelidades —dije, y no supe si fue a propósito o se me salió porque estaba furiosa con Él. Cuando quise componerlo ya era demasiado tarde.

—Mejor vámonos —respondió.

De camino al departamento observé a Él en silencio. Estaba muy enamorada, de eso no me cabía duda, teníamos días hermosos llenos de amor y calma, yo pensaba en un futuro juntos pero luego sucedían estas cosas y me cuestionaba si hacía lo correcto, si estaba con la persona con la que tendría la vida que tanto deseaba. Él era uno conmigo y otro con sus amigos y algunos tragos encima no se acordaba del concepto de familia que tanto defendía cuando me decía que su mamá era lo más importante en su vida y que también soñaba con la que nosotros pudiéramos formar; ¿dónde quedaban ese amor y respeto? Comenzaba a preocuparme que, si lo consentía, la situación vivida delante de mí fuera peor cuando yo estuviera lejos, en mi ciudad o en otro país, que como él tenía el engaño tan normalizado yo también lo normalizara, que perdiera mi honestidad ante la vida y los demás. No toleraba esas conductas, pero estando con Él parecía que las pasaba por alto. ¿Qué me espera al quererte tanto?, me preguntaba a mí misma una y otra vez. Mis personas cercanas, como mis mejores amigos y mi familia, notaban que yo cambiaba cada vez que pasaba tiempo con Él y trataba de ajustarme a sus ideas y costumbres, a llevarme bien con sus amigos porque era parte de ser su novia, pero no iba a consentir eso, el engaño. Quizá en todo el cambio que tuve durante la relación me traicioné a mí misma en algunas cosas, pero en mis principios nunca, y eso me daba paz al mismo tiempo que me producía mucha ansiedad.

A la mañana siguiente también desperté de forma inesperada pero por otros motivos.

—Buenos días, hermosa —dijo Él en voz muy baja. Inmediatamente reconocí el olor dulce de unos wafles y mi mermelada favorita, además del café recién hecho.

—¿Tú preparaste esto?, ¿cuánto tiempo llevas despierto?

—¡No, para nada! Lo pedí al restaurante al que me llevaste la vez pasada que viniste, ¿te acuerdas?, me dijiste que eran tus wafles y mermelada favoritos de la ciudad.

Me quedé sin palabras. Ese era el hombre al que amaba, el atento y detallista que me conquistaba todo el tiempo, y como si hubiera leído mis pensamientos, dijo:

—No quiero que lo de anoche se convierta en un pleito. Perdón por exponerte a una situación desagradable, ellos son así y aunque a mí no me guste su manera de ser, tolero muchas cosas por los años que llevamos de amigos.

—Lo sé, pero yo no —dije con firmeza—, yo no me eduqué así, no me gusta ser hipócrita y prefiero evitar eso. No son mis amigos para consentirles infidelidades, y aunque lo fueran, esas cosas no las paso por alto.

Él me dio un beso y dimos por finalizada la discusión. Me sentí tranquila por haber podido decirle claramente lo que me molestaba y que lo comprendiera, que respetara mi postura. Empezamos a hablar de la siguiente vez que nos viéramos, si sería en su ciudad o en la mía, de la cantidad de fechas que el *show* había programado dentro y fuera de México, de los viajes que soñábamos hacer juntos y la falta que me hacía cada vez que nos separábamos.

—Tu trabajo es fantástico, Less. Sé que es muy cansado pero es genial que puedas ir a tantos lugares y conectar con miles de personas que te admiran y quieren. Yo no lo veo mal, jamás he viajado y me encantaría empezar a conocer el mundo.

—Hagámoslo —respondí.

Había esperado meses para hacer algo así de increíble con Él. A mí lo que me llena el alma y alimenta mi espíritu es viajar, conocer personas, caminar por lugares que no conozco y descubrir esos espacios que harán inolvidables estos años. Para mí era un sueño poder compartir eso con la persona que amaba, así que no necesité más y empecé a planear nuestro viaje, el destino sería Nueva York. Compré los boletos, busqué un hospedaje superromántico, comencé a armar el itinerario de los lugares que me encantaría mostrarle, porque Nueva York es una ciudad que amo, donde he vivido tantos momentos fantásticos y que Él amaría igual que yo. Cuando llegó el momento, el corazón me latía a mil por hora, estaba a punto de vivir unos días increíbles. De camino pensaba en todas las cosas que Él me platicaba sobre su trabajo, de las personas a quienes conocía, historias y datos interesantísimos que tendría alguien con mucha experiencia y viajes de por medio, pero su vida no era así, quizá no tenía el ánimo de viajar o no había hallado con quien hacerlo, por eso que decidiera ir conmigo era aún más especial. Algo que admiraba profundamente de Él era su sensibilidad, su creatividad, las cosas que me platicaba sobre su visión del mundo; podíamos comprendernos tan bien en esas conversaciones que no quería renunciar a ellas por malentendidos.

Empezamos la aventura de forma accidentada: perdimos el vuelo a Nueva York. Era su primer vuelo internacional y en un descuido en el aeropuerto no abordamos a tiempo, yo me sentía fatal porque quería que todo fuera perfecto y pensé que sería un mal augurio.

—Mi amor, tranquila, no pasa nada —me dijo para consolarme—, ya oíste que ahorita nos reubicarán en el siguiente.

—Ya sé, pero me molesta no haber podido...

—Estamos juntos. Quiero que recordemos esto con una sonrisa —dijo, y sí, en ese instante sonreí.

Desde el primer momento me sentí libre. Casi no pensaba en el fantasma de Camille, Él estaba a mi lado y miraba muy poco el teléfono, solo lo sacaba para tomar fotos o consultar detalles del viaje, y yo respiraba tranquila. Otro detalle nada menor era que no teníamos necesidad de ocultarnos, dejé de usar el gorrito de siempre porque en una ciudad tan grande yo no era la persona que era en la mía, la persona que siempre causaba caos en restaurantes, cines o centros comerciales o tenía que disimular las muestras de afecto por no tener una relación pública. En las calles de Nueva York podíamos estar de la mano, besarnos, abrazarnos, ser la pareja feliz que tanto deseaba. Estaba segura de que mi felicidad de entonces no se comparaba con nada. También sabía que tenía un gran punto a mi favor: la planeación. Cuando eres una persona perfeccionista, llevas esa característica a todos lados y en las relaciones sucede lo mismo. Yo quería que todo fuera tal y como pensé que se darían las cosas para que nuestra vida juntos funcionara, no hice caso a las diferencias tan grandes que Él y yo teníamos, y con frecuencia ese entusiasmo se convertía en desilusión.

La primera noche planeé algo muy especial: conseguí entradas para ir a un club de jazz del que Él me hablaba todo el tiempo. Amaba el jazz, era su música favorita, conocía el mundo a través de sus ritmos y melodías y yo estaba segura de que nada lo haría tan feliz como ir a ese lugar del que me hablaba constantemente. Estar ahí fue increíble, el mobiliario de la época, el bar lleno de personas de todas partes del mundo, tragos exóticos y músicos talentosísimos sentados a un lado de nosotros esperando su turno para subir al escenario. Veía los ojos de Él y en ellos brillaba una magia que me hacía amarlo todavía más.

—Eres la mejor, mi vida —dijo—. No sé cómo describirte mi emoción.

Nos besamos y todo siguió siendo mágico. El resto de los días de nuestras vacaciones quise darles un toque distinto a los paseos, había un concierto de K-pop de un grupo que me encantaba, pero Él no quiso ir, me dijo que no se sentía muy a gusto con esa música.

—Está bien, podemos ir a una obra de teatro, muero por ver *Moulin Rouge*, el musical, una amiga me dijo...

—Es que tampoco me gustan los musicales, Lesslie, creo que ya te había dicho. Pero está bien, puedo ver un musical por ti y después vamos a un bar, hay uno de fusión que me late conocer.

Sí, sí a todo. Mi respuesta siempre era sí porque viajaba con el hombre más importante de mi vida, "el amor de mi vida"; algo curioso porque en realidad la persona más importante de nuestras vidas somos nosotros mismos y llegar a entender eso puede costar mucho. Yo podría ir a Nueva York con mis hermanos y papás en otro momento, ahora debía aprovechar que Él y yo estábamos juntos. No me daba cuenta de que me ponía en segundo plano porque para mí era mucho más importante la felicidad de Él, sus sueños y momentos mágicos; y tampoco me di cuenta de que mi seguridad no estaba siendo una prioridad para mí.

—Creo que me siento mal —le dije la tercera noche que fuimos a un bar—, será mejor irnos.

—Espérate tantito, Less, ya casi termina el set. ¿Ves a ese músico?, el percusionista hace cosas que no había visto en vivo, es la estrella de la noche. Además, nos costó mucho trabajo llegar hasta adelante.

Accedí. Él tenía razón, ese bar era superpopular, había pocas mesas y nosotros estuvimos un rato parados cerca de la barra hasta que pudimos avanzar entre un montón de personas. Quizá me dolía la cabeza porque no estaba acostumbrada a beber y desvelarme tanto —y mis salidas con Él eran eso—, si a esto le sumaba que durante la mañana habíamos caminado mucho, resultaba claro por qué me sentía mal, aunque lo cierto es que la forma como me dolía la cabeza y como fui sintiendo después el cuerpo superligero, eran distintas a lo que había sentido antes.

—Por favor, vámonos, estoy muy mareada —dije con dificultad. Empezaba a ver borrosas las luces del bar.

—Amor, creo que estás borrachita. Espera, quiero escuchar más música y también pedir un trago.

No supe cuánto tiempo pasó entre que me sentí mal y que Él se tomó uno o dos tragos más. Salimos de ahí y el viento helado de la ciudad terminó de marearme. Me di cuenta de que no estaba borracha, una sola bebida no podía ponerme así. Empecé a sentir mareos, los pies muy ligeros, dolor de cabeza, el corazón me iba a mil por hora y el mundo me daba vueltas. Cuando despertamos en la habitación de nuestro hotel no sabía qué había pasado.

—Creo que le echaron algo a mi bebida —le dije, aún confundida por lo que había sucedido.

—Estás exagerando, mi vida, lo que pasa es que no sabes tomar.

—Lo que pasa es que no estás pendiente de mí —respondí molesta y me metí al baño a buscar alguna esencia en mi bolso que me quitara el dolor de cabeza.

Al día siguiente quise hacer como si el episodio en el bar no hubiera sucedido, al cabo que yo estaba bien, pero no dejaba de preocuparme por lo que había pasado. Terminamos el viaje con una cena superromántica en un restaurante frente al mar de Manhattan. No quise volver a tocar el tema de la pastilla, de si me habían drogado o no, de si me cuidaba o solo estaba pendiente de pasársela bien, no quería arruinar nuestro momento mágico. Él rompió el hielo y antes de irnos de aquella hermosa terraza, dijo:

—No me cabe duda de que eres la mujer de mi vida. No podría imaginarme formar una familia si no es contigo.

Me quedé perpleja. Ese tema había estado en mi mente pero no lo veía como una posibilidad hasta que Él lo puso en palabras. Me parecía hermoso que alguien quisiera compartir su vida conmigo de esa forma y como la madre de sus hijos. Nos besamos frente a las luces de la ciudad más increíble del mundo y con una nueva promesa de una vida juntos.

Siempre había soñado con que mi vida tomaría el rumbo que yo quisiera darle y no que existirían sorpresas que te descolocan totalmente. Mi planeación incluía encontrar el amor en un hombre como Él, atento, inteligente, bueno con su familia, que me tratara de la mejor manera y, si todo iba como esperaba, que el tema de llevar nuestra relación al siguiente nivel se diera de la manera más romántica, como acababa de suceder. Esos eran mis sueños y a lo que aspiraba, por lo que planeaba cada momento de mi relación, pero después la vida iba a ponerme en situaciones que nunca me imaginé y hasta el día de hoy, veo como inesperadas.

———

Después viajar se convirtió en parte elemental de nuestra felicidad. Lo hicimos dentro de la república, siempre cuidando que los medios no viralizaran nuestra relación porque me sentía muy culpable al ocasionarle problemas en sus negocios. Delante de la gente, Él era un compañero de viaje, como mis hermanos, familia y equipo de producción, así que aprovechábamos los momentos a solas para pasear y ser felices, descubrir espacios y vivir experiencias como cualquier pareja normal. Cuando estábamos de paseo nos movíamos con precaución, a veces era supercansado y otras muy divertido, yo trataba de verle el lado amable porque sabía que eventualmente tendría que formalizar delante de todos pero como aún no se daba, prefería verlo como parte de nuestra aventura. Presentarlo ante mi familia fue un paso muy importante, lo hice porque me sentía segura de Él, de su cariño y del compromiso que tenía hacia mí, pero era diferente mostrar ese compromiso ante los demás. Siendo una persona pública es complicado presentar a alguien: cómo lo vas a hacer, qué le dirás a la audiencia, cómo lo van a manejar. Mi prioridad éramos nosotros pero sabía que conforme lo nuestro se consolidara, nuestro mundo privado sería más público.

Intentaba acceder a su mundo y comprenderlo, nunca salía de su ciudad, quizá por el gasto que implicaba, pero eso me intrigaba un poco porque trabaja muchísimo, tenía negocios y proyectos con los que les iba bien económicamente. Entonces medité más el asunto y pensé que tal vez lo que no le gustaba tanto de viajar es que estaría fuera de su zona de confort, amigos, bebidas y el coqueteo con otras mujeres. Cuando una está enamorada piensa que puede cambiar poco a poco los detalles distintos y tan arraigados de la otra persona, que el amor y el entusiasmo bastan para convertir un escenario hostil en un cuento de hadas, pero después la experiencia te enseña que no es así, porque forzar una realidad y querer convertirla en lo que siempre has deseado es difícil (o hasta imposible) y doloroso. Yo pensaba que aportando ese dinamismo viajero a nuestra relación las cosas se darían mejor, haríamos otras actividades y conoceríamos gente que no le representara lo mismo que su grupito que ya no era de mi agrado; mi ilusión era esa pero no tardé mucho en entender que nada se da a la fuerza. Y si sí, acaba echándose a perder.

Antes del siguiente viaje, mis amigos y yo hicimos planes para cenar y ponernos al corriente.

—Lesslie, ¿desde cuándo eres fan del jazz?, ¿no que te daba flojera? —me preguntó uno de ellos.

—Bueno, no soy taaan fan del jazz pero me gusta, es una música muy padre aunque hay que prestarle mucha atención.

—¿Van a ver musicales? —me preguntó otra—, me acuerdo que nos dijiste que en tus siguientes viajes tratarías de ver algunos para tomar ideas.

—No creo —intervino mi hermana, que me acompañó aquella vez—, Less anda en otro rollo ahora con sus nuevos gustos musicales. Ya no escucha tanto K-pop.

Más que reproche, ella hablaba con toda la sinceridad del mundo, esa sinceridad que solo pueden expresarnos nuestros seres queridos ante algo que no queremos ver. Mis hermanos, papás y mejores amigos tenían razón: yo estaba cambiando muchísimo porque quería estar en el mismo mood que Él, pero no era recíproco, tal vez por eso me daba muchísima ansiedad cumplir con expectativas imposibles que empezaron con tratar de caerle mejor a Él y ser la mujer que esperaba y derivaron en cosas que mi mente creó.

———

—Nueva Orleans, ¡allá vamooooos! —exclamé muy emocionada mientras Él y yo pasábamos por la última sala de espera en el aeropuerto.

Una vez más iba con el cabello recogido, gorro, lentes, cubrebocas, necesitaba pasar desapercibida para que nadie sacara un teléfono y nos tomara fotografías, como había sucedido en nuestro último viaje. Esa escapada a Nueva Orleans me hacía muchísima ilusión porque era la cuna del jazz, no había algo que emocionara más a mi novio que ir a una ciudad cuya esencia fuera la música y qué mejor que vivir esa experiencia juntos. Recordaba algunas de las palabras de mis seres queridos: *Less, estás cambiando tu esencia en esta relación.* Lo sabía pero también pensaba que tenía derecho a ser distinta, evolucionar, tener otros gustos y compartir más cosas con mi pareja. No se puede juzgar a alguien por tratar de dar todo en nombre de la felicidad, ¿o sí?

Una semana completa se nos fue superrápido. Me sentía libre, como en Nueva York o tal vez un poco más porque la ciudad tenía este aire de misticismo que te envolvía hasta convertirte en una persona incógnita entre sus calles, bares y sitios históricos. Fueron días y noches llenas de restaurantes, espectáculos, bebidas y música. Con Él el turismo era mucho más cansado del que estaba acostumbrada hacer con mis hermanos, amigos y papás porque mata más una desvelada en medio de una nube de humo de cigarro y copas que andar todo el día recorriendo lugares históricos, visitando tiendas, grabando bromas o yendo a parques o hasta darte tiempo para meditar, que era como nos dividíamos las actividades mis hermanos y yo. También pensaba que alguien debía ser responsable en esas salidas y no quedaba más remedio que yo, porque a pesar de que la ciudad fuera segura no podía confiar en las bebidas para no repetir la mala experiencia que tuve en Nueva York. Aunque me costaba trabajo y me dolía aceptarlo: si Él bebía, dejaba de cuidarme.

Aunque yo estaba consciente de que no todo era fantástico entre nosotros, cuando estábamos bien de verdad, lo estábamos; había cariño, comprensión, todo lo que me hacía pensar y sentir que valía la pena soñar con un futuro a su lado. Sé que las personas se comportan de una manera u otra dependiendo de con quién estén, qué esté sucediendo alrededor y dentro de ellos, sé también que a veces hacen daño sin querer porque arrastran el daño que otros han ejercido en ellos; duele comprenderlo y a veces duele mucho más tratar de buscar una solución. Por eso cuando alguien dice "yo hubiera hecho esto, yo no hubiera cedido en lo otro, yo hubiera dejado esa relación" hablan desde su experiencia, pero nadie conoce el fondo del corazón del otro e incluso esas palabras que intentan ayudar terminan siendo parte del problema.

En los mejores momentos soñábamos con estar juntos siempre y hablábamos de rentar un departamento o una casa para convertir esa idea en una realidad. Si no hubiera estado segura de mi amor no lo hubiera pensado, pero estaba segura de eso y de que los días buenos podrían ganarle a los días malos. Hablamos del tema durante el viaje y sabíamos que al regresar eso tomaría forma.

Con Él todo fue diferente desde el principio. Cuando comenzamos a andar supe que tenía mucha independencia porque era una relación a distancia, nos dedicábamos a cosas diferentes y veíamos el mundo de forma distinta. Sentía la inseguridad de no tenerlo a mi lado, que puede ser muy bueno cuando eres una persona acostumbrada a la libertad, o malo si vives con algún tipo de dependencia. La distancia me daba paz porque pensaba que mientras Él hacía su trabajo yo podría estar de viaje, trabajando o con mi familia y me daba la libertad de amoldar la relación a mis estándares y no a los de la otra persona. Cuando te das cuenta de cuáles son las cosas que no te dejan avanzar piensas en tus opciones: aceptas que no quieres hacer tal cosa por determinada razón o te mueves y rompes con ciertos patrones. Cuando supe la cantidad de veces que me autosaboteé haciendo creer a los demás que la decisión había estado en sus manos pero en realidad yo di la pauta para que las cosas sucedieran como se habían dado, me di cuenta de que tenía un problema con mis propios procesos. Con Él era la formalidad. Sabía que me quería pero no estábamos en el mismo momento a pesar de sentir el mismo amor, y una vez que te das cuenta de eso la realidad resulta dolorosa.

Nuestro regreso a México fue una vuelta a la realidad de la que tratábamos de salir con cada aventura juntos. Intentábamos llevar esos días lo mejor posible y concentrarnos en nosotros, en nuestro amor y los planes a futuro, de los que tanto hablábamos cuando no estábamos en Puerto Todos Santos. Él se quedó conmigo antes de regresar a su casa, había un evento con mi círculo íntimo de amigos y yo también quería aprovechar al máximo las pocas horas que nos quedaban antes de la despedida. Nuestra dinámica funcionaba, lo veía emocionado con las ideas sobre negocios que anotó en Nueva Orleans —a él le encantaba escribir en una libreta que llevaba a todos lados— y que quería emplear en un proyecto para las siguientes vacaciones, incluso vi un nuevo brillo en su mirada, pero las cosas cambiaron de repente durante la cena con mis amigos.

—Less, tenemos que regresar a casa —me susurró un poco antes de que nos sirvieran el postre.

—Sí, ahorita que terminemos de contarles cómo nos fue en Nueva Orleans, a lo mejor ellos se animan a que hagamos un viaje juntos y...

—No, Lesslie, por favor, vámonos, quiero hablar contigo.

Sentí un frío que me recorrió por toda la espalda. Cuando Él era así de firme con sus palabras no había vuelta atrás. Nos despedimos de todos con el pretexto de que debía viajar de regreso a Puerto Todos Santos muy temprano y aún no hacía la maleta. Pasaron por nosotros e hicimos el camino en silencio. Apenas estuvimos en el hotel donde nos quedábamos cuando Él me visitaba, habló:

—Tenemos que parar esto, Lesslie. Creo que vamos muy rápido, me siento muy presionado por ti, siento que hay que disfrutar más el momento y como novios estamos bien, pero tú siempre quieres más.

Se me detuvo el mundo. Traté de asimilar cada una de sus palabras y comprenderlas, ni siquiera pude reprocharle que quien hacía los planes a futuro siempre era Él, el qué habló de vivir juntos y formar una familia, el que dijo que yo era la mujer de su vida y con quien se veía en el mejor escenario. Lo único que pude hacer en ese momento fue guardar silencio, agradecer internamente que no me lo hubiera dicho delante de mis amigos para no tener que disimular que me derrumbaba por dentro y así, sin decir una sola palabra, le ayudé a preparar el equipaje para su regreso a casa. No podía evitar que se me salieran las lágrimas, era tan doloroso, en ese momento me hice tantas preguntas: ¿qué estaba haciendo mal?, ¿en verdad era muy intensa?, ¿qué era lo que no le le gustaba de mí? Tantas preguntas sin resolver y yo que no me sentía con el valor para preguntarle porque tenía miedo de lo que me pudiera responder, se me hacía un nudo en la garganta cada vez que pensaba que me podría responder con un "ya no quiero estar contigo".

Muchas veces nos quedamos callados por el simple hecho de temer a la respuesta. Si en ese momento me hubiera puesto a mí primero, muchas cosas no hubieran pasado. Lo mejor que podemos hacer como seres humanos es decir la verdad, puede doler pero es un dolor de sinceridad y duele menos que un dolor de traición. Si tú tienes la oportunidad de decir lo que realmente sientes, hazlo, el miedo a no decirlo es la incomodidad que conlleva. No nos enseñan a llevar una relación, por lo que tú tienes que decidir cómo vivirla.

Él y yo estábamos en extremos distintos. Cuando Él dijo que se sentía comprometido asumí que así tenía que ser porque mis estándares eran esos, pero la realidad era totalmente opuesta: yo no estaba totalmente comprometida porque cuando notaba seriedad hacía lo posible por irme.

Aquella noche, mientras Él dormía, ya que yo no podía dormir por el dolor que me había provocado no entender lo que estaba pasando, escribí un pensamiento:

El amor es bondadoso, el amor no es envidioso, el amor es generoso y gentil, es único. Sé que hoy no soy la mejor persona para ti y probablemente nunca lo voy a ser. Y está bien, cuando alguien ama y siente el amor, cuida y no lo desgasta, el amor es lo más bonito que podemos crear. Cuando quieres estar con alguien no lo piensas dos veces, solo lo sientes. Hoy no soy esa persona para ti. Yo te amo como nunca he amado en mi vida, pero sé que parte de amar es aceptar que no puedes amar a una persona que no siente lo mismo por ti. Dejarte ir es lo más bello que te puedo regalar. Te amo y por eso quiero dejarte ir. Que seas feliz siempre.

Mientras Él dormía yo pensaba una y otra vez cómo las fuerzas empezaban a abandonarme. Me esforzaba cada vez más por ser la mujer excelente que mis estándares imposibles me habían dicho que tenía que ser, cuando en realidad Él no buscaba a esa mujer excelente e inexistente, me buscaba a mí, simplemente a Lesslie. Cuando yo trataba de alcanzar mi meta, este sueño de perfección era cada vez más fuerte y se desvanecía porque nadie puede tener lo que en realidad no existe. Él era lo que yo quería pero en una versión irreal. Cuando vi que había una amenaza, comenzando por el fantasma de relaciones pasadas y después por su evasiva a la formalidad, sentí una herida en lo que me más dolía. Mi sentimiento no era culpa de nadie, aunque claro que tenía que ver con las acciones de los demás, pero todo lo que detonó me dolía doblemente porque salieron a flote mis inseguridades.

CAPÍTULO

¿Cómo se asimila el amor? ¿Qué vemos en los demás que nos da la esperanza de que permanecer a su lado es lo correcto? ¿Por qué para algunos es demasiada intensidad sentir como sentimos? Trataba de comprender los problemas de Él, sus heridas, lo que lo había dañado porque quizás eso lo hacía ser así conmigo sin que pudiera evitarlo. Él era un hombre que me daba un amor inmenso en la misma medida que me hacía sentir mal y me dañaba sin proponérselo quizá porque teníamos formas distintas de demostrar el amor y el interés. ¿Por qué nos esforzamos en tratar de sanar heridas tan profundas y terminamos creyendo que son nuestras?

Al día siguiente debíamos despedirnos una vez más. Me costó trabajo levantarme, no porque tardé mucho en dormirme y lo hice con lágrimas en los ojos, sino porque veía el fin de nuestra relación cada vez más cerca. Me había culpado de quererlo como lo hacía, de preguntarme en qué fallaba si mi única intención era que fuéramos felices. Cuando Él dijo que pediría el taxi de una vez yo estaba llorando.

—Por favor, perdóname, Less, jamás haría algo para hacerte daño, pero compréndeme, todo esto va muy rápido y me siento sofocado.

Quise soltar una risa. Sofocado. Entonces yo lo sofocaba porque era muy intensa y sentía demasiado, porque lo amaba y trataba de que las cosas funcionaran mejor. Perdón por los viajes y por tratar de que la relación siguiera a flote, perdón por quererte así y ver siempre una luz de esperanza. Quería decirle que entonces nos separáramos y buscara su felicidad, pero no podía, estaba aferrada a ceder porque quería conservar los momentos hermosos y sabía que esos valían más que algún malentendido. Una siempre piensa que una relación solo es la felicidad, yo lo creía, y por eso a pesar de estar exhausta luchaba cada día por agotar el último intento. Me escuchaba a mí misma y me dolía, pero me dolía más no escucharlo porque cuando había fallas en la relación estas se quedaban en silencio.

—Tienes razón —respondí en voz baja—. Han sido demasiadas cosas en muy poco tiempo. Descansemos de tanta intensidad un par de días, concéntrate en tu regreso a Puerto Todos Santos y yo a mis ensayos y a organizar las presentaciones del concierto y hablemos cuando ambos estemos mejor.

Él sonrió. Le llegó una notificación de que el auto estaba afuera. Nos abrazamos y permanecimos así un minuto hasta que fue inevitable que nos separáramos. Ese día me dormí el resto de la tarde, no quise salir con mis hermanos, solo descansar con el pretexto de lo agotadoras que habían sido las últimas semanas.

Él y yo hablábamos pero con menos frecuencia, la distancia física y virtual nos dio un poco de la calma que buscábamos. Tuvimos la claridad emocional para que durante esos días separados pudiéramos trabajar en nosotros, yo lo hice con la confianza que le tenía, respetando sus tiempos de trabajo y él lo hizo mandándome mensajes de cariño que me alegraban el día. Nos dimos cuenta de que la distancia también puede ser sana para pensar qué queremos y dónde pondremos el corazón. A ello le sumé meditaciones, ejercicios que me tranquilizaban, comencé a escribir más en mi diario y a tratar de disfrutar mi tiempo a solas. Sin embargo, un mensaje de Él me hizo volver a planear nuestros próximos días juntos:

"Less, recuerda que el siguiente fin de semana es la boda, ¿estás de vacaciones? Porque si es así, vente de una vez desde el lunes o martes".

Así volvimos a nuestra dinámica, casi igual que siempre, pero no volvimos a tocar el tema de vivir juntos, que fue algo que Él mencionó constantemente en los viajes que hicimos, y mucho menos lo de la familia a futuro. Si ese había sido el problema, no quería repetir pleitos, tan solo vivir el presente. Empecé a preparar todo previo al viaje, tuve suerte de alcanzar un boleto para el día que Él me dijo y de terminar mis reuniones y ensayos de esa semana para irme lo más tranquila. Me recordaba a mí misma que debía bajarle a la intensidad y estoy segura de que Él también hizo su esfuerzo, era como si empezáramos de cero, entonces tenía que tomarme esos días junto a Él con toda la calma posible. Me recibió superatento y con una sorpresa hermosa: como yo le había platicado de una película que me perdí en el cine el año pasado por estar de viaje, Él me preparó un cine; pidió que cerraran al público la terraza de uno de los restaurantes familiares, consiguió pufs, un proyector, una máquina para hacer palomitas y mucha comida deliciosa.

¿Podía haber algo más especial que eso? Sí, que al finalizar la película nos quedamos acostados en los pufs viendo las estrellas que brillaban en el cielo de Puerto Todos Santos. Si en algún momento pasó una estrella fugaz hizo su magia porque mis deseos se habían hecho realidad. Sin embargo, lo que nadie te dice de los cuentos de hadas es que después del momento más hermoso en la historia de los enamorados comienzan a suceder un montón de cosas que te hacen pensar que nunca debiste pedir el "y vivieron felices por siempre", porque el karma instantáneo es mucho más fuerte que tu deseo romántico más profundo.

La boda sería el sábado y Él estaba invitado a una despedida de soltero el viernes.

—No quiero ni imaginarme cómo va a terminar esa fiesta —le dije en broma horas antes mientras terminábamos de comer.

—No tengo muchas ganas de ir, he estado muy estresado y con cosas que resolver en el trabajo pero ya me comprometí. Parece que solo será una cena y terminaremos en un bar. ¿Ya hiciste planes?

—Sí —respondí—, quedé con Alonso y sus primas, me dijo que reservó en un evento de cervezas o algo así.

—Ah, entonces se pondrá mejor que el mío. Voy un rato a la despedida y como a las doce nos avisamos dónde estamos y te alcanzo, ¿te parece?

Me parecía perfecto, así, sin decirle nada, me aseguraba que no bebiera demasiado y que pudiéramos volver juntos. De repente me sorprendí pensando en eso, en cómo me preocupaba que se enfiestara mucho, pero tenía motivos para desear regresarnos al mismo tiempo al departamento.

—Por cierto —le dije—, en unas semanas es el viaje de verano con mi familia. ¿Quieres ir con nosotros?

Sabía que Él diría que sí, ¿quién rechaza unas vacaciones por Asia? Para mí ese mes de viaje era superimportante, mis hermanos y yo lo usábamos para desaparecer de la faz de la tierra y ser felices en otro lado donde no tuviéramos que ocultarnos, y esta vez quería que Él me acompañara, ellos estaban de acuerdo y solo me faltaba el sí.

—Claro que quiero, mi amor —respondió—, cualquier cosa contigo es lo mejor.

Me dijo que sí y yo no cabía de felicidad. Inmediatamente puse en mi grupo de Whats con mis hermanos:

"Nos apuntamos para Japón y Corea, hermanos hermosos, listos para el viaje".

Alonso pasó por mí antes de que Él se fuera con sus amigos. Aquella noche las cosas dieron un giro inesperado que me costó trabajo asimilar. Llevábamos un rato en el evento de cervezas, que era en un jardín, cuando nos dijeron que habían tenido problemas con la planta de luz y debían terminar antes de tiempo. Como ni yo ni nadie de mi grupito habíamos cenado, Alonso propuso ir a un restaurante y todos dijimos que sí.

—Chicos, mi amor nos alcanza allá, me comentó que ya estaba por terminar la despedida de soltero y que se reunirá con nosotros. Le voy a avisar a dónde vamos a ir.

Mientras el coche avanzaba y le escribía, mi corazón comenzó a latir más de prisa en el momento que nos estacionamos frente a la cafetería de Camille.

—¿Qué te pasa, Less? —me preguntó Alonso.

—No, nada, ¿cenaremos aquí o enfrente?

—Aquí, venden unos tacos buenísimos.

Estábamos a punto de entrar, cuando vi a uno de los mejores amigos de Él entrar a la cafetería de Camille. Me puse superansiosa, algo me decía que debía ir ahí de inmediato. Todo fue tan rápido que después, cuando tuve que ordenarlo en mi cabeza, no supe por dónde empezar. Dejé a Alonso parado en la puerta de los tacos, entré a la cafetería y, como si alguien me hubiera dicho que volteara a ver en esa dirección, dirigí la mirada hacia un pasillo: Él y Camille estaban juntos, tan cerca que cualquiera podría decir que era más que una plática casual.

Se me paralizó mi mundo, mi corazón, no sabía qué hacer en ese momento, ellos reaccionaron y se levantaron de donde estaban, justo debajo de unas plantas, en unas sillas. Yo sabía que algo estaba pasando porque él me saludó muy nervioso y al mismo tiempo como enojado y no lo hizo de beso, entonces no tuve dudas de que algo no estaba bien; saludé a Camille por cortesía pero ella también se sentía incómoda con mi presencia y se fue. No podía entender cómo era que Él estaba ahí cuando unos minutos antes me había dicho que estaba a punto de acabar la despedida de soltero con su amigo, probablemente hubiera escondido la verdad o se hubiera movido de lugar para no encontrarlo así, pero por algo pasan las cosas y yo muchas veces le pedí al universo que me diera respuestas sobre lo que estaba haciendo, de lo que sentía, quería pruebas, las pedí y esas pruebas llegaron a mí. Por eso es muy importante saber qué es lo que le pides al universo, porque te lo puede dar y a veces la forma en la que se manifiesta es dolorosa.

Salí de la cafetería, Él me siguió y lo único que me pasaba por la cabeza era rabia por sentir que la persona que amaba me estaba mintiendo.

—No puedo creer que para ti siempre soy la misma estúpida —le dije con lágrimas y toda la rabia del mundo en los ojos.

—No digas eso, Lesslie —respondió Él, con la intención de darme un abrazo y calmar mi enojo pero yo no quise, lo único que podía hacerme sentir bien era sacar mi malestar en forma de palabras.

—Por favor, no me sigas, necesito estar sola —dije, alejándome de la cafetería.

No podía sentirme peor, tan dolida y humillada, en medio de un engaño. Ni siquiera podía explicarle a Alonso qué me pasaba porque me ahogaba con mis lágrimas y la furia que sentía. Mi amigo se quedó conmigo un rato hasta que Él llegó al departamento. Me di cuenta de que estaba tomado y lo único que pudo salir de mi garganta después de oírlo llorar igual que yo y justificar todo lo que hacía con sus problemas personales y falta de comprensión de mi parte fue: estoy cansada, siento que ya no puedo más.

Cuando tuve un poco de claridad mental intenté encontrarle una explicación a lo que acababa de suceder, pero caí en la justificación. Quizás estaba con Camille porque quería relajarse y tomar un trago, iba pasando por ahí y se le hizo muy fácil entrar a su cafetería, tanto que al verla empezó a platicar con ella porque, como siempre decía, seguía siendo su amiga a pesar de la relación que habían tenido, era la amiga con la que se desahogaba, pero lo que yo no entendía era por qué yo no podía ser su mejor amiga, por qué no tenía esa confianza conmigo, qué faltaba. Y ante esos pensamientos sentía dolor.

Mi mente y mi corazón trataban de analizar cada detalle de esos momentos. *Yo te puedo decir algo, mi Lesslie pequeña: es que tú no tienes la culpa de las acciones de los demás, cada uno toma sus propias decisiones* y muchas de ellas pueden traer consecuencias, no vamos a decir si están bien o mal, simplemente cada acción tiene una reacción. Esa fue una de las peores noches que pase con Él, tanto que no pudimos dormir en la misma habitación. No quería que me tocara, no quería verlo, tomé una distancia de seguridad personal. Fue una noche que no quiero volver a vivir en mi vida.

Al otro día ya era la boda. Me alejé de Él toda la mañana para pensar y saber qué iba a hacer, Él me pedía que lo entendiera, que no lo había hecho con intención de lastimarme y que Camille solamente era su mejor amiga. Durante el tiempo que me di en la mañana pensé muchas cosas, como qué quería, cómo me sentía; a veces asimilar los sentimientos y las sensaciones y poder transformarlas requiere mucha energía e inteligencia emocional. Después de haberme dado un buen tiempo para pensar decidí hacer bien las cosas, creer, confiar en mi pareja, porque si no hay confianza no hay nada y yo no quería eso. Regresé y le dije que me diera tiempo para asimilar cómo me sentía pero que estaba ahí para seguir luchando por esa relación.

Para mí acompañarlo a sus demás eventos como si fuéramos la pareja perfecta era un montaje, no estábamos bien aunque yo quisiera que sí y eso Él lo sabía a la perfección. A cada error le seguía un drama, con una justificación de soledad y libertad; a cada despedida en el aeropuerto le seguía la promesa de hacer lo mejor posible, de querernos sin tanta intensidad, de vivir día a día, así o en distinto orden, eso no importaba porque a cada dificultad respondíamos de la misma manera. El corazón es muy complejo, la voluntad también y no siempre están en sintonía, eso me quedaba claro cada día que pasábamos juntos. Lo amaba muchísimo pero yo ya no estaba bien, ya no confiaba en sus acciones y menos en sus palabras, mi amor era fuerte pero la confianza se había quebrado por completo. Mi cabeza estaba totalmente hecha una telaraña sin respuestas.

¿Por qué continuar? Me costaba mucho trabajo fracasar, aceptar que estaba fallando, no a Él, sino a mí, no sabía cómo decírmelo. Una de las cosas que me costó más trabajo mientras sanaba era hablarme y contestarme: ¿qué quiere Lesslie? Y es que, piénsenlo, ¿cuántos de nosotros nos hablamos con sinceridad? No nos escuchamos porque a veces no queremos oír de nosotros mismos algo que no es lo que esperamos a pesar de que sea real. Mi sentir en la relación era: no vas a fracasar, no vas a perder esta batalla. No me daba permiso de escucharme porque a lo que sí le hacía caso era al ego, que siempre estaba presente en muchas situaciones. Cuando comprendí qué era el ego me di cuenta de muchas cosas que por fin tenían sentido. Nadie puede huir del ego porque existe desde que nacemos y crecemos en un contexto, pero hay que buscar que sea un ego sano, que nos aporte en lugar de restarnos. El ego no es malo, puede levantarte en situaciones difíciles pero de la misma manera hundirte cuando no sabes escucharte a ti, a tu voz, y solo prestas atención a los demás por medio de un ego dañino.

Todo el ego viene porque es un estándar social, porque así nos lo explicaron y ejemplificaron, nos dijeron que el éxito estaba relacionado con el ego y la percepción de los demás hacia uno. Y si lo llevamos al terreno de las relaciones amorosas, un ego sano puede darte las herramientas para evolucionar y ser una mejor versión de ti, y un ego dañino tiene el poder suficiente para acabar contigo y hacerte sentir muy mal en cualquier situación. Al final el ego se crea en el plano humano porque en el espiritual eso no vale, ahí lo que cuentan son las vibraciones humanas, nuestras relaciones más allá del ego.

A tan solo menos de un año de ser novios habían ocurrido tantas cosas que me costaba trabajo asimilarlas. ¿En qué momento me convertí en aquella persona que maquilla los problemas con tal de seguir adelante creyendo que si una misma pone el cien por ciento de su energía y corazón todo sanará?, ¿cuándo compré la idea de que un viaje en el peor momento podría arreglar mágicamente los problemas?

No cancelé nuestros planes, aunque seguíamos medio molestos por la escena con Camille, ya había pasado casi un mes desde entonces y poco a poco volvimos a hablar como antes, nos vimos dos veces, nos reconciliamos y el plan de Asia siguió su curso. Hice un esfuerzo por no decirle nada a nadie porque me moría de la vergüenza de confesar lo que sucedía en mi relación. Recibí sus disculpas y promesas, sus detalles de amor, sus palabras hermosas que según yo sanaban todo, fingí que mi mirada apagada era por el cansancio y no por el dolor de mi corazón, que inundaba todo.

Por favor, que este tiempo juntos repare todo, que nos sane y dé la felicidad que merecemos, que acabe con las dudas de una vez y rescate el amor tan profundo que sentimos el uno por el otro, repetí varias veces en voz baja, más que como un mantra, como una súplica al universo o a cualquier fuerza externa que pudiera hacer algo por mi historia.

Iniciamos el viaje con mucho entusiasmo pero a veces Él estaba en silencio, como pensando en algo. El primer día en Tokio le pregunté qué pasaba.

—Mi amor, estoy muy emocionado pero cada vez estamos más expuestos como pareja y me da miedo que esto perjudique el viaje.

—Lo sé —respondí—. Es un viaje de familia pero haremos algunos videos, si quieres estar en ellos está bien y si no, lo comprendo, como tú, no quiero que esto se convierta en un problema.

—Ojalá no —dijo no tan convencido.

Una vez más pensaba en lo complicada que era una relación pública, sobre todo cuando necesitábamos estar muy bien entre nosotros antes de salir delante de toda la audiencia.

El tiempo juntos me mostró otras facetas de Él que siempre estuvieron ahí pero yo pasaba por alto un poco por mi orgullo de querer salvar el amor y otro porque tenía el corazón tan vulnerado que dejé de sentir cómo continuaba rompiéndose todo dentro de mí. Teníamos momentos de mucha magia porque disfrutábamos la libertad que nos daba el anonimato en pequeñas ciudades marítimas, otras tradicionales y unas muy modernas donde todo mundo pasa desapercibido; porque durante ese viaje Él convivió más con mi familia y ellos lo vieron con los mismos ojos de admiración con que yo lo veía; y porque, pese a todo, era un hombre encantador, mi corazón, por quien yo deseaba luchar.

Para entonces, acabábamos de rentar un departamento en Puerto Todos Santos y me motivaba mucho pensar en eso, en el paso que acababa de dar al decidir irme a vivir con Él, y en los muebles y decoración que compraríamos en el viaje para iniciar una vida juntos en el lugar de nuestros sueños, lleno de objetos que nos recordaran un verano increíble.

Los primeros días comimos de todo, paseamos, nos tomamos fotografías, nos contamos historias, nos reímos como nunca, creamos una intimidad y una conexión espectaculares, no hablamos de los planes a futuro con tanta intensidad pero sí de lo que cada uno deseaba hacer, nos vimos como amigos y cómplices de aventuras, comprendimos que la vida nos había puesto ahí para hacer cosas increíbles juntos y fuimos una pareja feliz, la pareja que yo tanto deseaba. Poco a poco Él se relajaba con el tema de la relación pública, yo sabía que era complicado porque siempre había querido mantener mis relaciones en el ámbito privado pero al mismo tiempo con Él me sentía tan feliz la mayor parte del tiempo que no veía nada de malo en ser abierta en todas mis facetas, siempre cuidando lo que mostrara y cómo hacerlo.

Le presté tanta atención a que todo saliera bien y nada de la ciudad nos pusiera en riesgo que hubo detalles que no advertí hasta que fue demasiado tarde y un problema reventó entre nosotros. De repente lo vi muy metido en sus conversaciones, dejó de prestarme atención para responder mensajes. Me di cuenta de que no eran los mensajes de siempre, sino que había escrito en los archivados. Entonces me sentí mal porque pensaba que si la conversación estaba ahí era porque me ocultaba algo importante. Para no pelear salí de la habitación, necesitaba tranquilizarme. Caminé sin rumbo por los alrededores del hotel, eso era lo mejor que podía hacer; mi teléfono vibraba, sabía que era Él. Después volvimos a encontrarnos.

—Lesslie, te he estado buscando más de una hora, ¿qué pasó? —me preguntó. Yo no quería responder hasta que me sentí con la tranquilidad necesaria.

—Por favor, que no haya más secretos, seamos sinceros en todo.

Él no me entendió hasta que le dije lo más tranquila que pude. Suspiró, nos sentamos en una banca y me hizo una confesión:

—Ese mensaje era de mi terapeuta. No quería que lo vieras porque no quería hablar del tema, pero si ya llegó el momento, hagámoslo. No tengo nada que ocultarte, Less, hablaba con mi terapeuta. Hace años tuve un problema de consumo de alcohol, creo que eso ya lo sabes, empiezo a beber para pasármela bien y después no controlo lo que sigue. Me convierto en alguien que no me gusta, a ti tampoco, lo sé, y quiero dejar esa parte atrás. No es sencillo, no depende totalmente de mí, he ido y venido de varias terapias, con esta psicóloga vi un cambio y la dejé, ahora quiero regresar con ella y por eso el mensaje. No es algo de lo que me sienta orgulloso, por eso no te dije y archivé la conversación. Quiero dejar eso atrás.

Me abrazó y estuvimos así un rato. Desde ese momento asumí sus problemas como algo mío, sentía una enorme vergüenza y culpa por lo que acababa de suceder, por desconfiar cuando Él quería salir de una situación dolorosa a través de ayuda profesional, por haber permitido que los celos me rebasaran una y otra vez. En esa ocasión confié. En esa y otras tantas hasta que di con la verdad.

———

El amor que me demostraba Él era muy claro para mí y para los demás, aunque yo sabía que no estaban siendo las vacaciones que me imaginaba en un principio, pero me apoyaba a crear un poco de contenido, era muy flexible con ese viaje que no se parecía a los que habíamos hecho antes solos y teníamos momentos de muy buen humor, sobre todo cuando veíamos detalles que podrían ser parte del nuevo departamento. Pero el destino hace de las suyas cuando nos pone enfrente realidades con las que los sueños son incompatibles.

Durante un trayecto en tren me quedé dormida, tenía la cabeza apoyada en el hombro de Él, desperté en silencio justo a tiempo para ver algo que nunca debió estar delante de mis ojos: la contraseña de su teléfono. *No, Lesslie, por favor, contrólate, no caigas, no eches a perder estos días increíbles, no lo hagas,* me repetí con insistencia, pero tres días después no pude más y, mientras Él se bañaba, desbloqueé su celular para revisarlo. Me había convertido una vez más en la persona que juré destruir, aquella mujer ansiosa que buscaba donde no debía porque a cada descubrimiento le seguía una pelea y mucho dolor, mi intuición

148

que tanto me había servido para solucionar problemas se había convertido en el monstruo de los celos y la curiosidad.

Fui a leer los últimos mensajes: más fotos a su familia, notificaciones de trabajo, dos amigos suyos le encargaban unas cosas. Entré a los mensajes archivados y otra vez el más reciente era el que guardó como "Terapeuta". Cuando lo abrí, el suelo se me movió, la fuerza abandonó mis piernas, primero vi la fotografía de perfil: los labios, la nariz y el cabello castaño que podía identificar en cualquier lugar porque los conocía a la perfección... Era Camille:

"Quiero viajar a tu lado".

Leí esas cinco palabras escritas por Él y la reacción de corazón de Camille, mis manos se pusieron heladas, mi corazón se aceleró, comencé a sentir los indicios de un ataque de ansiedad. No me quedó más que dejar el teléfono donde estaba y salir inmediatamente de la habitación.

Él no sospechó la razón por la que me salí, porque habíamos quedado de desayunar con mis hermanos. Yo fui directo al *buffet* del restaurante. Cuando llegué vi a mi hermana parada con su desayuno de huevitos, tan tierna ella que cuando me vio a los ojos no tuve que decirle nada para que supiera que yo no estaba bien.

—¿Qué pasó, Lesslie?, ¿por qué estás así? —me preguntó mi hermana, en voz baja.

En ese momento llegó Él, saludó a mi familia y en ese minuto tuve que contarle a mi hermana lo más rápido posible lo que estaba sucediendo. Mientras le decía que entré a los mensajes archivados y que el único que estaba ahí decía "Terapeuta", lo miraba, tan como si nada y yo en medio de tanta confusión.

—Si quieres ocultar algo, no eres el más obvio del mundo, no le cambias el nombre a tu mejor amiga por "Terapeuta".

Mi hermana estaba un poco en *shock* escuchándome. Nos hicimos a un lado solo un par de minutos, mi hermana me abrazó y me preguntó si ya habíamos hablado sobre eso.

—No. Apenas lo vi me salí de la habitación. No hemos hablado y no sé qué hacer.

—Trata de tener paciencia, Less, trata de ser honesta contigo misma. Habla con Él, que te diga la verdad y si lo niega por completo es porque te está mintiendo. Yo me voy más tarde a otra ciudad y ya no los veo pero si necesitas hablar después, sabes que estoy para ti.

Los consejos de mi hermana mayor siempre son los mejores, más cercanos a mi corazón que cualquier otra respuesta. Apenas estuvimos juntas un par de minutos más y me ayudó a tranquilizarme. Si no hubiera sido por ella, no hubiera sabido cómo reaccionar a toda la situación que estaba viviendo tan lejos de mi hogar, en un país diferente, en un continente muy alejado; de inmediato entendí que sí o sí tenía que resolver esta situación. Me daba miedo hablar con él porque sabía muy dentro de mí que mis emociones no estaban bien pero estaba más adolorida porque sentía una traición, mentiras en cada una de sus palabras y en cada una de las lágrimas derramadas. El tiempo y la verdad siempre terminaban por darme la razón.

———————

¿Cuál es la sensación de un corazón roto?, ¿el daño es físico porque abarca cada espacio de tu ser? Me sentía quebrada, en mi mente no dejaban de dar vueltas muchísimas suposiciones de Él y Camille hablando de amor como si yo no existiera.

Era momento de seguir nuestra aventura en auto acompañados por mi hermano y su pareja. Mientras veíamos los caminos preciosos que nos daba la naturaleza yo no podía voltear a ver a Él, así que seguí mirando por la ventana del auto, pidiendo fuerzas para poder hablar con Él y enfrentar el dolor que sentía dentro de mí, que me estaba rompiendo en mil pedazos. Llegamos al siguiente pueblo muy al norte de la isla, con unas montañas nevadas de fondo. En el hotel todo iba bien, hasta que por fin me decidí a enfrentarlo y preguntarle sarcásticamente con las mismas palabras que había leído:

—Así que "quiero viajar contigo", ¿no?, precisamente cuando estás de viaje con tu novia.

El rostro de Él palideció. Continué hablando y reafirmé cada una de mis palabras:

—¿La tienes en terapia?, ¿o ella es tan buena que ahora te sirve de terapeuta?

Él pasó de estar pálido a que su rostro tuviera mucho más color, yo estaba segura de que sentía una mezcla entre desconcierto y coraje.

—¿Por qué revisaste mi teléfono?, ¿estás bien o por qué hiciste eso?, ¿qué pasa?

—Estoy mal por tratar de confiar en ti, pero a quién se le ocurre escribirle a la ex estando delante de la novia en un viaje de pareja. Contigo compruebo que el mundo está lleno de hombres infieles.

—No puedo con esto —dijo, ofendido.

—Yo tampoco. ¿Qué te molesta, que te revise el teléfono o que te cache ocultándome cosas? Seamos claros.

Decidí seguir caminando por la orilla del lago y caminé tan rápido que pude alcanzar a mi hermano y ahí me quedé, necesitaba pensar con claridad qué más hacer porque aún nos faltaba la mitad del viaje. Recordaba el departamento en Puerto Todos Santos, mi ilusión por amueblarlo y decorarlo, todo lo que habíamos platicado sobre nuestra vida juntos, los planes en pareja, la evolución de la relación, los momentos increíbles cuando nada ni nadie tenía que ver más que nosotros y nuestra felicidad, ¿iba a desechar eso? Sabía que las relaciones evolucionaban, que no siempre se está de buenas, principalmente cuando tienes un carácter tan distinto al del otro pero cada detalle tiene arreglo si se habla a tiempo y lo que me dolía era que aunque yo pusiera mis fuerzas para llegar a una solución, no nos comunicábamos al cien y continuaba habiendo problemas. Por cada malentendido había una disculpa y luego un momento feliz, no todo era mágico y hermoso pero tampoco terrible y dañino, y cuando estás en esta incertidumbre lo peor es que no sabes hasta cuándo decir "está bien, digámonos adiós".

Ese día y los siguientes no podía dejar que Él se me acercara, sentía un rechazo muy fuerte y cada vez que hablábamos del tema —del mensaje que definitivamente no podía ni negármelo ni darme explicaciones pues no existía razón alguna para este— teníamos un juego tóxico de reclamos, de silencios, de negación y de desprecio. Mi hermano lo notaba pero respetaba todo, es una persona que no se mete en mis relaciones pero está conmigo y para mí en todo lo necesario.

No podía entablar una conversación con Él más de cinco minutos porque se convertía en puro reproche de ambas partes. En muchas ocasiones me pedía perdón pero yo no podía aceptar sus disculpas, así que yo buscaba que pudiéramos estar bien aunque solo fuera en presencia de mi hermano porque no quería que me viera llorar o notara mi corazón roto.

Nuestro siguiente destino era una ciudad muy pequeña en Corea, la escogimos porque había un parque natural alejado de todo, ideal para nadar y acampar, así que sería casi imposible que Él y yo estuviéramos separados porque no había cabañas individuales, ni siquiera casas de campaña. Él empezó a comportarse diferente, cambió su actitud conmigo, fue más amable y detallista, me veía a la distancia cuando yo me alejaba a meditar y a mí me confundían mis propios sentimientos porque no quería estar así pero tampoco consentirle que me engañara como lo hacía. Desde ese momento llevé mi diario a todas partes. Escribía cada vez que tenía oportunidad y estaba a solas porque para mí siempre ha sido muy valioso poner en palabras cómo me siento, no solo contar historias, sino entender mi vida a través de lo que plasmo. En muchas ocasiones se me salían las lágrimas y la hoja quedaba con la tinta corrida, en otras me secaba los ojos rápidamente porque aunque mi hermano pudiera intuir lo que estaba pasando, el resto de mi familia no tenía idea, y lo último que quería era causarles un conflicto con Él. A pesar de todo, aún no me decidía a terminar con la relación.

Una noche, después de cenar frente a una fogata, Él y yo fuimos los últimos en levantarnos para ir a la cabaña. Él puso sus brazos alrededor de mí y me dijo:

—Si no te quisiera no estaría aquí contigo. Para mí todo ha sido difícil, no aprendí a ser pareja teniendo las mejores relaciones hasta que nos conocimos. Lo que más me duele es hacerte daño. Perdóname.

Perdón, siempre esa palabra que me daba a mí la responsabilidad de seguir o terminar. "Perdón", me dijo, y traté de perdonar.

—Lesslie, ¿estás más tranquila? —me preguntó por teléfono mi hermana un par de días después—, es que me da pendiente dejarte. Si quieres cancelo todo y me regreso contigo.

—Sí, me siento mejor. No te preocupes, continúa con tus planes. Si me siento mal o pasa algo, te llamo rápidamente.

Ese era el tipo de problemas que quería evitar. Mi hermana tenía muchas ganas de visitar otros lugares aprovechando que ya estábamos de ese lado del mundo, mi hermano también pero si yo les pedía que no me dejaran por lo que había sucedido con Él, seguramente habrían abandonado todo para estar a mi lado y eso estaría supermal, yo no quería que mis problemas de pareja abarcaran a toda la familia. Llegó el momento de despedirnos, Él y yo todavía pasaríamos unos días en el país, después haríamos una escala en Los Ángeles antes de volver a casa y los demás se irían por su cuenta. El tema con Él estaba mucho mejor, yo me sentía más relajada y con ánimos de componer las cosas para disfrutar el viaje lo más que se pudiera porque nunca había estado en los lugares que estábamos visitando y quería llevarme bonitos recuerdos de ahí.

El primer día que nos quedamos solos, fuimos a cenar a un restaurante muy lindo y pequeño, digno del lugar. Desde las primeras salidas y las de los viajes hasta las más recientes, cuando llegamos a Asia, hablábamos sobre el regreso a Puerto Todos Santos, del departamento y algunas cosas que nos llegarían en los siguientes días. Yo aún sentía un poco de coraje y no quería abordar el tema, pero Él lo hablaba de una forma muy natural, como si nada. No sabía si era su manera de reconciliarse conmigo o de verdad me lo decía de corazón. Con Él nada era seguro, en un momento pasaba algo y después otra cosa y, como siempre, no fue la excepción. Nuestra cena romántica fue hermosa pero Él bebió de más y yo no quise ponerle un alto, permití que lo hiciera porque para mí el tema anterior no había concluido y en ese momento vi una muy buena oportunidad.

Cuando nos fuimos a descansar era muy tarde, más de la media noche. Estábamos cansados de nuestras actividades del día, de la cena y Él además lo estaba por el alcohol, así que se quedó dormido inmediatamente. De nuevo el monstruo de los celos llegó a mí, abrí la caja de Pandora ingresando la clave en su teléfono porque no tuvo el cuidado de cambiarla. Entonces vi lo que hubiera deseado no saber pero estaba ahí, a la espera de ser descubierto y romperme una vez más, quizá de manera definitiva.

No me extrañaba que sus amigos le solaparan cosas y aun así me saludaran. Él les escribía que estaba con Camille en su departamento y, por las fechas, supe que fue cuando ya éramos novios pero yo estaba fuera de Puerto Todos Santos.

—Por eso sus cosas seguían ahí —dije en voz baja—. Seguía usándolas, nada de que se le olvidaron o que no se las podía llevar a su país.

La conversación anterior fue borrada. Recordé aquel mensaje que decía "Quiero viajar a tu lado" y sentí un dolor enorme. Él no terminaba definitivamente con esa relación aunque aún estaba conmigo.

Al día siguiente, cuando el sol comenzó a entrar por la ventana de la habitación, Él despertó y me vio sentada en una silla a su lado, mirándolo fijamente. No le di tiempo de hablar y le dije despacio las palabras que llevaba tiempo tratando de articular:

—No quiero pasar un minuto más contigo. Regresa a México ahora mismo. Lo nuestro se terminó.

¿Cuántas veces has escuchado el término *gaslighting*? Quizá muy pocas, pero tal vez sí sepas de muchos casos en relaciones en pareja donde abundan las frases "eso no fue así", "estás mal", "no sucedió como dices". Si bien se trata de una manipulación sutil, a fin de cuentas no deja de ser manipulación; cuando hay *gaslighting* en una relación, una de las dos partes duda de sí misma, de sus sentimientos, incluso de las cosas que le suceden. A veces esto se sale del entorno de pareja y se da en otros ambientes, como relaciones cercanas entre amigos y colegas de trabajo.

Vivimos negando nuestros propios sentimientos porque muchas veces el mundo nos hace creer que sentir como sentimos y amar de la manera en que amamos está mal, pero no es cierto, no tiene nada de malo dar amor a manos llenas siempre y cuando ese amor comience por ti. Respira profundo, pon tu música relajante favorita, prepárate un té, enciende un incienso y date este momento de intimidad y felicidad contigo misma.

Escribe aquí aquellas palabras que necesitas decirte todos los días, esas frases de amor que primero tienen que salir de tu corazón y tu alma para recordarte una y mil veces que eres maravillosa, irrepetible y amorosa.

GASLIGHTING

CAPÍTULO

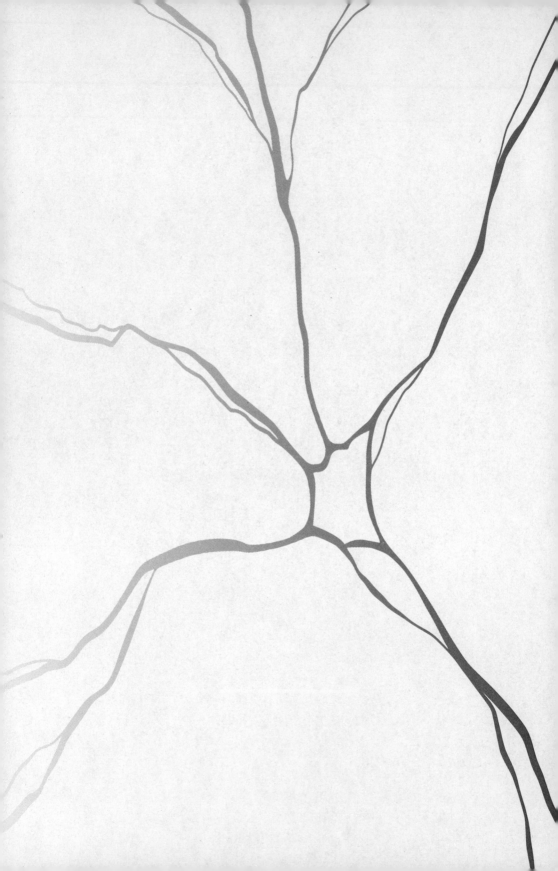

En la pequeña ciudad coreana la señal de internet fallaba constantemente, a veces tenía señal pero la mayor parte del tiempo no. Quería hablarle a mi terapeuta pero, incluso si la conexión no hubiera fallado, el cambio de horario era un problema; mis hermanos no me contestaban porque también estaban de camino a otras ciudades; llamar a mis papás no era opción... Me sentía sola ante un problema de ese tamaño. Estuve un par de horas en un muelle mirando los botes en el lago. Por alguna razón ya no me salían lágrimas, simplemente tenía la mirada perdida y no sabía qué hacer. Comencé a pensar en mí y en mis prejuicios, en la cantidad de veces que dije que nadie me engañaría porque al primer engaño me iría, en las múltiples ocasiones que pensé que la gente que se queda con quien la engaña es tonta o lo hace porque quiere vivir así, no porque a veces estás atrapada en una relación nociva y es muy difícil salir de ella. En el último año había pasado por todo lo que no le deseaba a nadie vivir: decepción tras decepción, culpa, miedo al qué dirán, vergüenza, soledad, dolor, desvalorización y depositar todo de mí en alguien más. Siempre fui consciente de eso pero ahora estaba paralizada, no sabía si por el enorme amor que sentía hacia Él o porque convertí mis sentimientos e ilusiones en una dependencia que abarcaba todo.

Desde que los problemas entre nosotros se hicieron más fuertes algo que hacía constantemente era preguntarme una y otra vez: ¿por qué a mí?, ¿por qué a Lesslie?, ¿qué me faltó para tener todo por lo que había luchado? Me sentía muy mal porque pensaba que era un fracaso personal y me decía: debí tener la mejor relación, el hombre que yo quería debió haberse hiperenamorado de mí, debió ser la persona que yo esperaba y por la que le eché ganas a la relación. Siempre me repetía la palabra *deber*. La pregunta *¿por qué a mí?* tampoco salía de mi cabeza. Solo entonces supe que la idealización era la que no me permitía fracasar o pensar en todo lo que me había sucedido, únicamente puse culpables. Para mí lo lógico era pensar que el error estaba en la otra persona. Pero no se trata de buscar culpables sino tomar de frente la situación que estás viviendo y comprender que por algo se dio así.

Desde que lo de Camille comenzó a ser un problema mayor, como cuando por haberlos visto en una situación un poco comprometedora me hizo sentir tan mal, empecé una terapia. Estaba en el proceso de aprender a poner límites, a reconocer mi valía y lo importante de ponerme siempre en primer lugar, pero cada terapia es distinta y lleva un tiempo de aprendizaje largo y a veces doloroso; yo había dado ese paso tan importante aunque aún me faltaba mucho para sentirme plenamente bien. Me había costado trabajo reconocer que si los asuntos de los demás me dañaban tanto era porque no todo estaba bien conmigo. El ego me nublaba la visión, mis deseos de que todo fuera perfecto, mi falsa creencia de que si yo le ponía todo el empeño los demás también lo harían. Uno no es consciente de eso hasta que lo vive de primera mano.

Él me escribió, me preguntaba dónde estaba, pero era incapaz de salir a buscarme, siendo un lugar tan pequeño seguramente podría haberme encontrado en minutos, pero no lo hizo. Yo simplemente ignoré sus mensajes. Cuando tuve más señal le llamé a alguien que podía darme un consejo.

—Lesslie, ¿qué pasó, cómo están?

Como yo no podía hablar con mi mamá, le llamé a la suya. Ella siempre fue hermosa conmigo, me dio cariño y apoyo, me trató como parte de la familia y ahora le llamaba con mucha vergüenza por lo que había pasado.

—Señora, la verdad es que no sé qué hacer, estoy desesperada y no sabía a quién recurrir.

—Mi hijo es un tonto y no mereces pasar por esto, Lesslie. La que siente una enorme vergüenza soy yo. Dile que se regrese aquí lo más pronto posible y que esto se acabe de una vez.

—No quiero verlo pero tampoco sé si puedo terminar.

—Sí lo sabes, hija. Aunque sea doloroso, lo sabes. Si Él no es el hombre para ti, no te sacrifiques. No cometas los errores que cometemos muchas cuando pensamos que perdonando todo haremos que alguien más cambie. Ponte en primer lugar siempre.

Con ella pude sincerarme y recibir con mucho amor esas palabras y sus consejos de madre. Me sentía mal por decirle algo así de su hijo pero si le llamé era porque estaba segura de que me comprendía y nunca me juzgaría, las mamás nos conocen a la perfección y saben quiénes somos, de qué podríamos ser capaces y qué tan bien o mal está nuestro corazón.

Cuando regresé a la cabaña Él ya había preparado sus cosas. Estaba sentado en la cama y me miraba serio. Fue el primero en hablar:

—Si me pides que me vaya lo haré, Lesslie, sin dudar te tomaré la palabra pero será lo último. Podemos terminar nuestra historia aquí únicamente por conversaciones que sucedieron hace mucho.

—¿Hace mucho?, ¿ayer fue hace mucho?, ¿ayer cuando le dijiste a Camille que la extrañabas?

—Solo quiero una oportunidad, Lesslie, una sola. No puedo imaginarme mi vida sin ti. Te amo, lamento mucho hacerte sentir mal, yo...

—¿Cómo te imaginabas la mía cuando salías con alguien más y ya éramos novios?, ¿cómo te imaginabas que era que yo me durmiera después de hablar por teléfono y tú fueras a buscar a...? Ni siquiera vale la pena mencionarla.

Si decidí venir contigo a este viaje y pasar un mes juntos es porque estoy decidido a dejar definitivamente a Camille. Ella ha sido importante para mí pero es un capítulo cerrado. Simplemente la veo como una amiga, es todo, en eso jamás te he ocultado la verdad.

—Estoy cansada, ya no puedo más.

En ese momento, Él se arrodilló delante de mí, me abrazó por la cintura como lo había visto en algunas películas y comenzó a llorar. Yo no supe qué hacer, no sabía si sus lágrimas eran honestas, si era tan buen actor que podía improvisar o el tiempo que estuve fuera del cuarto con la cabeza hecha un caos se había preparado tan bien para intentar convencerme.

—Lo que te dije anoche es cierto, Lesslie. Quiero mi vida contigo, quiero ese hogar del que tanto hemos platicado y quiero que lo intentemos sin sombras de nadie más.

Yo sentía una enorme vergüenza, me preguntaba cómo era posible que me hubiera hecho eso, que él me hubiera engañado así, que a pesar de haber hecho todo bien (o lo que consideraba bien) desde el día uno como pareja, me hubiera maltratado emocionalmente de esa manera. Hay violencias que no se reflejan en golpes ni gritos pero son igual de fuertes porque te rompen por dentro, te vulneran, te hacen sentir como si estuvieras mal, te quitan cualquier capacidad de decisión y quiebran tanto tu espíritu que poco a poco te apagas, pierdes el brillo de la mirada y la capacidad de confiar en los demás. Yo me sentía así pero atada a Él, a un amor que solo eran fantasías y promesas, un día hermoso y soledad al siguiente.

Pasamos un largo tiempo en silencio. Quería creer que en serio su aventura con Camille o con quien fuera había acabado y podríamos ser felices haciendo borrón y cuenta nueva, planeando un futuro en nuestro propio hogar, desde cero. Una no se da cuenta de cuántas mentiras se dice a sí misma con tal de conservar la felicidad que cree tener o de conseguir la que tanto ha anhelado. Pero tampoco se da cuenta de su responsabilidad porque cuando te hacen sentir mal es porque ya hay un daño previo, y el mío era de mí hacia mí misma. Él no estaba bien, no había concluido sus procesos y yo tampoco permití que así fuera porque no me permitía fracasar.

Él me convenció, yo me hice a la idea de que podríamos salir adelante porque sentía mucha vergüenza de lo que había pasado y solo quería creer en la promesa que me ofrecía. Volvía a pensar en el departamento que ya nos esperaba con un montón de sueños, si estábamos juntos todo el tiempo quizá funcionaríamos, Él pondría de su parte y yo sería mucho más comprensiva con sus procesos, lo apoyaría para sacar adelante una relación que no estaba del todo perdida. Muchísimos pensamientos me inundaban: cómo seguir sin que tanto dolor nos persiguiera, qué hacer una vez que llegáramos al punto cero de nuestra historia; no podía decirle a nadie que me habían engañado, se iban a burlar de mí, con qué cara podría hablar de empoderamiento si yo no me sentía fuerte, cómo podía salir a dar la cara de felicidad cuando estaba tan rota por dentro.

Recordaba lo complejo que es cuando las familias de ambas partes de la relación ya se conocen, se llevan bien, cuando se trata de una relación pública, cuando hay una carrera involucrada y lo difícil que es cortar en buenos términos cuando hay millones de personas siguiendo tus pasos y por amor a ti pueden ver blanco y negro, no los matices de una relación hermosa que no es perfecta. El amor tiene muchas versiones y cuando hablamos de él y de nuestra experiencia jamás complaceremos a los otros porque cada persona tiene su propia versión sobre las relaciones y los únicos que conocíamos la nuestra éramos Él y yo. Mi opción era confiar, pero pedirle y ser enfática en el respeto y la confianza que depositaría en lo nuestro por última vez, que pensara en nuestro amor y los momentos de mayor felicidad, en lo valioso de esos instantes y la construcción de una vida juntos. Mi fantasía era que la relación funcionara, volver a la normalidad, no más mentiras, y aposté por ello una vez más, con una enorme fe en que por fin podría ser feliz.

Aún nos quedaba una semana más de viaje. Él se esforzó por hacer llevadero ese tiempo mientras yo salía del *shock* de tantas emociones. Comenzamos a ir a tiendas de decoración porque el tema en común era el departamento. Él encontró la forma de distraerme, se portó atento como en nuestros mejores días, me ayudó a grabar videos, me cuidó, me platicó historias de los lugares que visitábamos, fue el hombre del que me había enamorado. Hizo las cosas increíbles hasta casi el último día, que un episodio relacionado con el alcohol volvió a romper mis esperanzas de tranquilidad y amor.

Habíamos llegado al último puerto de nuestro viaje, una isla en Japón. En verano el escenario era ideal para pasárnosla bien, salvo porque ahí ya había muy buen internet y Él consultaba su teléfono a cada rato.

—¿Pasa algo? —le pregunté.

—¿Recuerdas que te hablé de una ruta de bares muy importante aquí? Bueno, estoy revisando en el mapa y estamos muy cerca de tres de ellos. Esta semana es el festival del vino y el café, es un evento mundial y estos bares son sede. Me gustaría ir a ver cómo son y el ambiente, por si concreto el plan de por fin poner uno en Puerto Todos Santos.

—Amor, la verdad es que estoy muy cansada, me duelen los pies, hemos caminado mucho y si te acompaño voy a desvelarme y beber, ahorita no quiero.

—Vamos a dos, ya casi se nos termina el viaje y esto es importante —dijo.

Accedí, pero no estaba feliz, ni siquiera tranquila. Él revisaba su teléfono todo el tiempo, obviamente la contraseña ya no era la misma, le había puesto una tan larga y complicada que se tardaba un rato bloqueando y desbloqueando. Le pregunté en dos ocasiones y me dijo que estaba revisando los horarios y la carta de bebidas, pero eso tampoco me dio tranquilidad porque significaba que rompería su promesa de beber menos y esa noche acabaría igual que siempre.

—Estoy supercansada, mejor me voy al hotel, está aquí enfrente —dije y le di un beso, no sin antes preguntarle los nombres de los otros dos bares que pensaba visitar.

Cuando llegué a la habitación, algo no me dejaba en paz, un pensamiento, una corazonada, un presentimiento muy fuerte. Sabía qué era y no quería ponerle nombre: el monstruo. En ese instante, en lugar de darme un baño y relajarme, tomé el teléfono, abrí la cuenta alterna que tenía en Instagram y busqué a Camille. Sentí cómo mi alma abandonó mi cuerpo y también mi propia energía se fue de mí: Camille no solo estaba en la misma ciudad que nosotros, del otro lado del mundo, sino que llevaba horas haciendo el *tour* de bares que Él me propuso hacer con el pretexto del festival. Pasé de la sorpresa y el *shock* a una profunda rabia, ¿cómo era posible que su cinismo llegara a tanto como para llevarme a seguirle los pasos a Camille cuando acababa de jurarme que no había nada más entre ellos? Todo tenía sentido, las cosas que me confesaba cuando bebía de más: ella es muy importante para mí, hablamos de todo, le debo muchos de mis gustos. Otra vez mis pesadillas se materializaban porque sabía que ella estaba cerca, quizás en ese momento estaban juntos, Camille sentada en la silla que yo acababa de abandonar. Los celos, la obsesión, mi ansiedad, el miedo físico que me apretujaba el pecho, el dolor emocional, todo a la vez. No demoré ni cinco minutos en llegar, pero mi semblante era otro y rápidamente se dio cuenta.

—Less, ¿qué pasó?, ¿todo bien?

—Así que el *tour* de bares solo es por el festival, ¿no? ¿También quedaste con Camille de verla aquí mientras me mandabas a dormir?

Su rostro se desencajó. Efectivamente sabía a qué me refería, de qué le hablaba. Camille no estaba con Él en ese momento pero yo podía apostar lo que fuera a que mis sospechas no eran infundadas y eventualmente se verían ahí o en otro lugar. Dejó un billete sobre la mesa y salimos del bar.

—Ella estaba aquí hace poco más de una hora y eso tú lo sabías a la perfección, por eso insististe en que entráramos y yo te vi recorrer con la mirada cada espacio del bar.

—Estás mal, Lesslie, nada de esto tiene sentido, mejor dime por qué la espías, eres tú quien no suelta ese tema. Y sí, tienes razón, vine aquí no a buscar a Camille, sino por recomendación suya, porque sabes perfectamente que seguimos hablando aunque no en los términos que te encanta imaginar. Y además, ¿no te suena lógico que ella, teniendo una cafetería, me recomiende cafeterías? ¿Y que si son vacaciones de verano haya decidido venir a este festival porque su trabajo también la lleva a viajar por todo el mundo?

—Precisamente aquí, tan lejos. Qué cinismo, ¿cómo puedes...?

—No, Lesslie, pongamos las cosas claras, querías la verdad y esa es. Ella viaja la mitad del año, es lógico que venga de vacaciones a un festival de vino y café. Si de casualidad o investigándola tú decidiste venir al mismo lugar no es mi culpa. Tú buscaste y eso era lo que ibas a encontrar. A Camille ni siquiera le importa nuestra relación.

Me rompí. La forma en que me habló, las cosas que me dijo, todo ese episodio resonaba en mi cabeza y me producía una vergüenza enorme. ¿De eso se trataba estar con un hombre que por momentos me hacía sentir tan especial y de repente se comportaba distinto? El hombre que amaba era capaz de dañarme de esa manera o yo misma lo estaba haciendo porque no quería soltar ni el recuerdo de Camille y mucho menos las inseguridades. Me quedé parada en medio de la calle, no podía moverme, vi cómo Él se alejaba y entonces sí empezaron a salir lágrimas de mis ojos y empecé a repetirme en voz baja: es mi culpa, yo sabía, es mi culpa que me pase esto. Caminé un rato por las calles de la ciudad iluminada, veía a las parejas pasando el verano espectacular que yo tanto soñé cuando le pedí a Él que se uniera al viaje, pensaba en cómo nuestra relación tenía esos picos de inmensa felicidad y los abismos de dolor tan profundos en los que yo caía todo el tiempo, pensaba en mi afán por buscar información y hallarme con realidades terribles. ¿Así sería mi historia de amor? Cuando regresé a la habitación Él seguía despierto pero estaba con la luz apagada mirando hacia el lado opuesto de la cama. Entonces le dije lo que llevaba un buen rato pensando:

—A veces no sé si lo que siento es dolor o vacío, solo sé que necesito paz y esa la tendré estando sola.

———

¿Qué pasa cuando quieres salir de una relación y sigues ahí, paralizada, pensando en todas las cosas que puedes hacer para sanar pero haciendo exactamente lo contrario? Así me sucedía con Él, estaba consciente de que lo nuestro nunca iba a ser como yo esperaba y que en mi afán por sacar adelante la historia de amor que tanto deseé ponía en juego no solo mis sentimientos, sino mi estabilidad física y mental.

Lo que planeé como unas vacaciones románticas y de ensueño se convirtieron en todo lo contrario. Él varias veces me dijo que podían servir como preparación para nuestra vida juntos, aunque al principio me comentó que le daba un poco de miedo pasar un mes completo conmigo, así como estar expuesto en la relación ante los ojos de los demás, después le dio la vuelta a ese argumento hablando de nuestros planes en el departamento y mi cambio de residencia a Puerto Todos Santos.

Por cosas de la vida y mal *timing* con los vuelos, nuestra escala en Estados Unidos se convirtió en dos días varados en Nueva York y, una vez más, ahí surgió la promesa de un futuro mejor. Cuando nos dieron la noticia de que no teníamos vuelo y que la aerolínea no podía hacer nada, Él me dijo:

—Puede ser nuestro último tiempo juntos, Less, antes de separarnos si es que ese será el destino que nos espera. Que sea la despedida. Vivamos el aquí y ahora como cuando nos proponemos ser felices.

Durante el primer vuelo hablamos de las opciones y eran dos: la mía era terminar todo regresando a México, para lo que debía ir a Puerto

Todos Santos a recoger algunas cosas que paulatinamente me llevé y despedirme de su familia; y la que Él proponía, hacer un último esfuerzo y apostar todo de una vez mudándonos juntos cuando llegaran los muebles que habíamos encargado. En varias ocasiones quise llamarle por teléfono a mi familia y contarles todo, desde la historia de Camille hasta cómo me sentía, pero era consciente de que eso los iba a alterar, se enfurecerían con Él y quizá alguien fuera por mí en ese momento. No quería provocar un drama mayor, así que me callé las cosas y solo le conté una parte de la historia a mi terapeuta.

—Por favor, dime qué debo hacer —le pregunté cuando estuve un momento a solas y pude hablarle por teléfono.

—No puedo darte una respuesta definitiva, Lesslie. Si estamos hablando de esto porque te duele y no sabes de qué forma volverá a lastimarte si confías, más bien piensa si es la relación que quieres tener a largo plazo, si como te sientes hoy es como deseas sentirte en un año o más tiempo, si quieres formar una familia con esta versión de Él, que puede ser más real que la idealizada.

—Ya no quiero sentirme así, estoy cansada —respondí.

—Entonces creo que sabes qué hacer, Lesslie. Solo piensa que ningún dolor es para siempre a menos que decidas que quieres eso.

Después Él me sorprendió. Yo no tenía ganas de hacer cosas en particular en Nueva York pero preparó un itinerario de visitas a lugares que recorrimos en nuestro viaje anterior y donde fuimos muy felices y otros que, por un motivo u otro, me llamaban la atención por películas, canciones y libros, y también los visitamos. La última noche estaba dispuesta a hablar y decirle que había tomado una decisión.

—Eres mi corazón, Lesslie —me dijo abrazándome por detrás y después me puso un collar con un dije en forma de corazón—. No puedo ni quiero imaginarme el resto de mis días sin ti, intentémoslo por última vez.

Cerré los ojos, suspiré y le pedí al cielo, a un poder más allá de mí o a quien fuera que me estuviera escuchando que me diera la fuerza necesaria para confiar y me ayudara a salir adelante de ese dolor tan horrible que llevaba meses experimentando. Le dije que sí a ese último todo o nada.

La empatía y la humildad hacia los demás y sus errores, que son totalmente válidos, nos llegan cuando comenzamos a perder todo, cuando vemos que nadie puede ser cien por ciento como deseamos porque no somos quién para exigirles cumplir con modelos imposibles simplemente porque nosotros nos creímos que una vida de éxito era la que no contemplaba errores. Cuando una persona se aleja de ti duele mucho, en relaciones interpersonales, en el trabajo, donde sea, duele pero disfrazamos el dolor y le echamos la culpa al que se fue en lugar de preguntarnos qué responsabilidad tenemos, si fuimos empáticos o no, si los apoyamos y comprendimos sus procesos o estábamos demasiado concentrados en cumplir con los nuestros. La empatía y la humildad son de las cosas más valiosas y de las que más carecemos como seres humanos: empatía para comprender por qué alguien es así, qué historia de vida tiene, cómo es su esencia; y la humildad para reconocer que no todos quieren lo mismo que uno, que quizá nuestras intenciones no son las mejores para ellos y está bien.

La perfección absoluta que yo buscaba todo el tiempo se convirtió en un ideal, pero después en una carga porque no podía deshacerme de ella. Empecé a buscar ese ideal en mi imagen y verme bien porque creía que lo externo sería una muestra de lo interno, me enfoqué en proyectar que era la mejor simplemente porque quería que los demás se dieran cuenta de que podía serlo, para mí no había margen de error simplemente porque yo no iba a permitírmelo. En algún punto, las personas que te rodean se ven afectadas porque no pueden seguirte el paso hacia algo imposible de alcanzar y las relaciones se fracturan sin que puedas evitarlo; como es algo que se sale de control, fallas, te sientes mal, todo se convierte en un círculo vicioso.

Entonces llega la palabra que lastima: pierdes. Cuando caes en exigencias imposibles, en lugar de ganar el estatus por el que luchas todos los días, pierdes y tu forma de vida se convierte en el círculo vicioso más nocivo que uno se pueda imaginar. No estamos acostumbrados a ver las pérdidas como algo positivo o hallar aprendizaje en ellas porque hemos crecido con la idea de que es mejor quien cumple con sus propios estándares y con el de los demás, y esto implica ganar a toda

costa, siempre, en todo: tener la razón, tomar las decisiones en una relación, que se cumpla tu palabra y no la del otro. La vida se convierte en
una constante obsesión por salvar algo que nosotros mismos llevamos
al extremo para que se pierda.

CAPÍTULO

"Si no te gusta, si no estás bien ahí, ¿por qué no sales de ese círculo?", solemos preguntar a las personas que viven una relación llena de problemas, y de forma involuntaria también minimizamos sus esfuerzos por estar bien, cuando en realidad puede haber mucho miedo de por medio: miedo a la soledad, al qué dirán, a perder algo que, aunque no es ideal, se considera seguro. Yo sentía que Él podía cambiar, me daba muestras de amor muy fuertes pero también me lastimaba sin querer; nunca había mostrado a un novio, no había tenido relaciones públicas y con Él, a pesar de que no éramos visibles en todos los medios, se sabía que estábamos juntos, quise cuidarlo y cuidarme y me adjudiqué esa responsabilidad para estar bien. Muchas veces juzgamos a los demás porque creemos que conocemos todo de su relación y en realidad no entendemos la presión que se ejerce sobre ellos y el grado de compromiso, por eso nadie comprende los procesos más que los involucrados.

Yo sentía una enorme responsabilidad, incluso ante sus conductas: si se porta así es porque lo amas demasiado y recibe mucha intensidad; si no te dice las cosas es porque desconfías de cada uno de sus pasos; a lo mejor estás malinterpretando las circunstancias; échale ganas, Less, tú puedes sacar adelante esta relación, hazlo lo mejor posible, lucha por ese futuro juntos, tienes la capacidad de crear una relación feliz. Nadie nos habla del enorme ego que experimentamos en una relación sentimental llena de problemas: el ego al querer controlar cada cosa buena o mala, al asumir que tenemos la responsabilidad sobre el otro, que podemos controlar el rumbo de los sentimientos de ambos, que nos corresponde convertir en maravillosa una relación que quizá ya dio todo lo que podía. Mis sentimientos iban desde el ego de querer rescatarnos a todo lo contrario: una enorme tristeza por ver cómo nuestro futuro estaba al borde del colapso y también una añoranza por ese futuro que con tanto amor imaginaba al lado de un hombre tan romántico que me daba unos momentos increíbles, un hombre fantástico que hacía que mi mundo cobrara otro significado, pero tanto era su romanticismo en los instantes mágicos que por eso el dolor de sus decepciones era también tan fuerte.

Nuestra relación había empezado como un ideal de perfección, eso fue lo que quise ver y por lo que me esforzaba todo el tiempo. Después me di cuenta de que "el amor ideal" no existe, fallábamos los dos porque cada uno tenía sus propias ideas, experiencias y formas de expresarse o no. Él tuvo muchos errores, los viví de primera mano. Él era consciente de ellos pero estaba pasando por sus procesos que yo no vi con objetividad para tomar distancia y las decisiones correctas porque pensaba que podía hacer que cambiara y conseguir la felicidad que tanto me imaginé. Darme cuenta de mis errores en los que consideraba que eran solo suyos fue un *shock* muy fuerte pero el mayor aprendizaje que he tenido.

Me encantaría decir que cuando nuestros muebles comenzaron a llegar al departamento de Puerto Todos Santos fue el momento más feliz de mi vida porque me estaba mudando a un espacio increíble con quien consideraba mi gran amor, pero no fue así, en lugar de eso experimenté una especie de lucha de sentimientos e ideas que no me dejaron en paz: esta es la última oportunidad de rescatar la relación, ahora tienes que hacer lo posible para estar bien, la distancia ya no será un pretexto porque estarán juntos casi siempre y eso te dará seguridad. No sé quién piensa en cosas negativas o que le preocupen antes que en la ilusión de un hogar juntos, pero yo era esa persona en ese instante. Durante el viaje en Asia escogí muebles y objetos hermosos que decorarían nuestro hogar, esos días agridulces eran de entusiasmo viendo piezas bellísimas a su lado pero también de dolor cuando peleábamos, después de descubrir verdades que habían estado ocultas. Quería defender esa familia de dos que habíamos formado pero también me faltaba la fuerza para concentrarme solo en los momentos bellos y el romanticismo de recorrer el mundo a su lado.

—Este será el inicio de una vida extraordinaria, Lesslie —me dijo abrazándome y quise creerle con todas mis fuerzas porque sabía que me ama, aunque muy a su manera.

Las relaciones a distancia son muy complicadas, debes saber cómo compaginar agendas, decidir qué días son los mejores para estar juntos, confiar en el otro y estar siempre aunque sea desde lejos, por eso habíamos decidido que alguien debía irse a vivir a la ciudad del otro. Estaba consciente de que mudarme a Puerto Todos Santos complicaría mucho mi trabajo, tendría que regresar con mis hermanos al menos una vez cada dos semanas y quizás más porque la gira mundial ya había comenzado y teníamos fechas en distintos países de Latinoamérica, además de un viaje muy importante a Oriente. Les había prometido que no faltaría a los ensayos, que estaría en cada evento que involucrara a nuestros seguidores y que en teoría todo continuaría igual que siempre, pero sabía que difícilmente podría conseguir algo así, sería muy desgastante habitar dos ciudades y rendir en el trabajo con una agenda tan apretada, sin embargo, me esforzaría. Les pedí de todo corazón que me apoyaran en esa nueva etapa, quería vivir con Él y la mejor opción, al menos la más compatible con sus planes, era estar en Puerto Todos Santos; ahora mi relación a distancia sería con mi trabajo.

Esa primera tarde Él había regresado a su departamento para empacar sus cosas mientras yo comenzaba a decorar con las piezas que había comprado en Asia. Me había esmerado mucho en escogerlas a mi gusto, en convertir ese lienzo en blanco que era el departamento en mi lugar ideal, acogedor, perfecto para esa nueva etapa que yo deseaba estuviera llena de felicidad y momentos mágicos. Mientras les indicaba a los chicos de la mudanza dónde poner nuestros primeros muebles y yo acomodaba las piezas, mi teléfono recibió una notificación: quedaba confirmada mi reserva de hospedaje en Chicago.

Me emocioné mucho, a pesar de que el viaje por Japón y Corea no salió como yo esperaba, sentía que la situación había mejorado un poco y de inmediato comencé a planear la siguiente salida. Me hacía tan feliz verlo descubrir cosas que para mí cobraban un significado distinto a su lado y Chicago sería la ciudad perfecta para celebrar su cumpleaños. Sin embargo, antes de hacer la reserva del hospedaje pensé: Less, ¿no sería mejor que primero hicieras un viaje tú sola para desconectarte de todos y buscar un poco más de tranquilidad contigo misma antes de volver como si nada a la dinámica de viajes juntos? Pensé en eso algunos días pero me asaltaron las dudas y también otros pensamientos que me produjeron ansiedad: si me voy sola van a pensar que algo está mal entre nosotros, no quiero viajar sola, no deseo que se vea como un acto de egoísmo porque en realidad he dado todo para que podamos continuar juntos. Decidí que si me iba de viaje por gusto tendría que ser con Él y la mejor fecha para hacerlo era su cumpleaños, así que nuestro plan inicial seguía en pie.

———

Mis peores enemigos eran los pensamientos nocivos. Llegaban de repente pero no por casualidad, sino que yo los invocaba cuando Él tardaba en contestarme, cuando me decía que estaría en la casa a una hora y llegaba a otra, cuando necesitaba controlarme para no revisar perfiles de otras personas, incluyendo a Camille. Esos pensamientos se mezclaban con mi intuición, que casi nunca fallaba. Él a veces iba a su departamento por cosas que no había llevado al nuestro y era cuando yo peor me ponía porque pensaba que ese lugar podría servirle para verse con alguien más o, si no era capaz de tanto, me preguntaba si acaso conservaría algunas cosas de Camille a pesar de haberme jurado que se las entregó a un amigo suyo. Me sentía mal y con pensamientos nocivos porque hacía mucho tiempo que le había perdido la confianza.

Yo pensaba que nuestro principal problema había sido la distancia, pero cuando me mudé a Puerto Todos Santos me di cuenta de que no era así. No hay relaciones sanas donde has perdido lo más valioso que puede construirse en pareja, ni siquiera viviendo juntos y estando al lado casi todo el tiempo. Comienzas a ver amenazas en cualquier lugar, con una notificación en el teléfono o si sale del cuarto para responder una llamada, con el pretexto (a veces cierto) de que no hay muy buena señal. Estábamos juntos pero a veces yo sentía que las cosas eran igual que siempre. Se acercaba un viaje muy largo, mis hermanos y yo estaríamos un mes fuera haciendo gira y aunque eso me emocionaba al mil porque no existe nada mejor que estar con los Polinesios y abrazar a nuestros seguidores en cada ciudad que visitamos, también me sentía ansiosa, quería confiar en Él y no podía. Una noche me desperté de madrugada, tenía insomnio, fui a la cocina por agua y se me ocurrió *stalkear* a Camille, llevaba semanas sin hacerlo porque me controlaba lo mejor posible, pero esa noche no pude más y caí. Camille ya estaba en la ciudad atendiendo su cafetería. Empecé a sacar cuentas de los días que ella subió actualizaciones al perfil de la cafetería, porque sus *posts* eran muy reconocibles, y de repente sospeché de un par de ocasiones que Él llegó tarde a casa sin decirme por qué.

—No, Less, no, por favor, deja de pensar en eso, no te hagas más daño —me dije en voz baja como si fuera un *mantra*—, deshazte de esos pensamientos.

Pero no me deshacía de ellos y tampoco lo hice el tiempo que estuve fuera de la ciudad y del país en un viaje a Sudamérica. Afortunadamente la diferencia horaria era poca (dos y a veces tres horas), podía hacer videollamadas con Él todo el tiempo y, honestamente, veía que se esforzaba por mantenerme tranquila, pero esa cerámica tan fina que es la confianza ya se había roto y a pesar de los esfuerzos de ambos yo no quedaba del todo convencida con sus explicaciones.

Less, todo está bien, de verdad —me dijo una vez que hablamos después de uno de los *shows*—. No te contestaba porque seguía en carretera, hubo un accidente y nos quedamos atorados justo en una zona donde no había señal.

—Sí, pero es que pasaron muchas horas y no es que desconfíe de ti, me da miedo que te suceda algo porque pasamos mucho tiempo sin comunicarnos.

—Lesslie, estás trabajando, por favor, piensa en eso. Si insistes mucho es porque claramente desconfías de mí y ya no sé qué más hacer para que estés tranquila y entiendas que te amo. Si quieres creerme, hazlo, y si no, entonces no hay mucho de qué hablar.

—Por favor, dime siempre la verdad, dame la estabilidad que estoy buscando, es lo único que necesito para que esto funcione.

—Pensé que funcionaba, Lesslie. Lo mejor es que hablemos después.

Mis días eran así, de una constante ansiedad mientras la culpa crecía en mi pecho y mi mente. Veía las *red flags* pero en lugar de atenderlas quería darles la vuelta haciéndome cargo de los problemas que eran de ambos y no solo míos. No había querido atender a un término que me dijo la psicóloga una vez que tuvimos sesión: codependencia. Le tenía mucho miedo a esa palabra porque justo así me sentía, que mi estabilidad y mis sentimientos colgaban de un hilo cada vez más gastado e inevitablemente habría una fuerte caída.

Teníamos días muy buenos y nos la pasábamos increíble, pero después, a la menor provocación, algo me asustaba y creía que yo, como pareja, hacía las cosas mal. Todos crecemos y estamos llenos de matices, somos seres humanos que evolucionamos pero tenemos dos opciones: evolucionar hacia el bienestar o cambiar hacia la incomodidad. Nunca llegué a un momento tóxico en la relación, siempre me he fijado en mis propios límites y los he respetado porque me respeto, sin embargo, tardaba en reconocer que dejaba de lado mi esencia por querer conducir la relación hacia lo que yo pensaba que estaba bien y en ese esfuerzo me olvidaba de quién era al principio y qué quería.

—¿Con quién estoy hablando, con Lesslie Polinesia o Lesslie Velázquez?

—Es la misma.

—No, tú sabes que no es la misma.

Tanto me creí mi personaje de perfección que en ese afán de seguir siendo perfecta me descuidé en lo que de verdad importaba. Me decía a mí misma todo el tiempo: *Lesslie, si haces las cosas bien, la relación va a mejorar.* Pero eso no sucedía. Nadie nos dice que a veces, cuando no es el momento de que algo se dé, en lugar de mejorarlo con nuestro esfuerzo simplemente lo desgastamos. Pasa cuando quieres estar a la fuerza con otra persona y con tus propios sentimientos.

———

Mi corazón estaba agitadísimo cuando regresamos a México. Solo estuve un par de días con mis papás antes de irme a Puerto Todos Santos. Mi mayor emoción era verlo, estar con Él, abrazarlo, saber que seguíamos juntos y que cada sospecha era producto de la distancia y los malentendidos. Sentí una enorme paz cuando lo vi, en ese reencuentro me esforcé por creer que todo estaba bien, los planes a futuro continuaban, nos queríamos, luchábamos por estar juntos, hasta que otra vez mis pensamientos nocivos hicieron de las suyas porque les di el espacio para ello, solo que, de tanto sospechar, en alguna ocasión podía atinarle.

Una noche tenía todo listo para la cena, había estado viendo recetas de algunos platillos que Él amaba y quería hacer mis versiones mucho más ricas, así que pasé la tarde cocinando para recibirlo.

"Less, voy a llegar supertarde, tipo 11 o 12, estoy checando unas cosas con proveedores".

Estaba muy cansada, cené y me dormí antes de las once pero escuché cuando llegó al departamento, eran casi las tres de la mañana. Cuando tomamos la decisión de vivir juntos pensé que sería lo mejor porque podríamos tener mayor tiempo de calidad como pareja, no pregunté a mis amigas que vivían con sus novios cómo les iba porque me daba miedo que sospecharan que algo andaba mal conmigo, yo solo supuse que tendría que funcionar por el simple hecho de la convivencia. Mientras pasaban las semanas, cambiamos algunas cosas, no me gustaba quedarme tanto tiempo en el departamento porque era igual que cuando lo visitaba y pasaba todo el día encerrada, solo que en un espacio mucho más pequeño. A veces me mandaba su ubicación para que lo alcanzara y pudiéramos cenar juntos, pero me di cuenta de que era igual que siempre: si yo llegaba a las ocho, Él ya había bebido con sus amigos desde las cinco, después de mí los alcanzaban mujeres que no eran sus novias o esposas y yo no lo soportaba, así que ese plan nunca fue una buena idea.

—Calma, Lesslie, me dije una vez en voz baja —no seas grosera con nadie, dile que quieres irte a la casa y ya.

Pero no nos fuimos, seguimos ahí hasta que la reunión se convirtió en fiesta y mi malestar en un hartazgo que solo se acabó cuando regresé sola a casa. Esa frase "sola en casa" era la que mejor describía la mayor parte de mis días; otra frase típica era "qué maravilloso es Él", la que usaba cuando tenía detalles conmigo que me hacían dudar si acaso no tendría una doble personalidad porque algunas veces era el hombre más romántico y atento y otras no. Cuando el departamento estuvo totalmente amueblado, mi mamá y mi hermana fueron a visitarme. Me hacía mucha ilusión recibirlas, consentirlas, pasar tiempo con ellas. Apenas tuve oportunidad de decirles qué había planeado, cuando mi mamá habló:

—Tú no estás bien, hija, tienes algo, lo veo en tus ojos.

No hizo falta que dijera nada más porque rompí en llanto.

—Mami, ya no quiero estar aquí —respondí.

Para mí soltar esas palabras fue muy doloroso, me libré de un gran peso al poder decirlas pero me dolió cada una de ellas porque me daba cuenta de que mi situación había llegado al límite, ya no tenía fuerzas para seguir intentándolo. Ellas no sabían nada pero se daban cuenta, principalmente mi mamá porque las mamás tienen una gran intuición y saben todo de nosotros aunque no lo pongamos en palabras. Mi hermana solo suspiró, Él no le caía mal, incluso llegaron a llevarse muy bien pero no soportaba que me hiciera infeliz.

—Toma la decisión que sientas que es mejor para ti, únicamente para ti, hija.

No quise decirles más, no quería que terminaran odiándolo porque Él no era un novio perfecto pero me hacía sentir mal con esos detalles que para mí cada vez eran más fuertes porque empecé a ser mucho más consciente de lo importante que era cuidar mi amor propio, mi estabilidad estando en pareja. No les hablé del alcohol, de las veces que no estuvo pendiente de mí, de los mensajes, de Camille, de vivir con la ansiedad cada vez que alguna situación me rebasaba ni de la profunda tristeza que sentía la mayor parte del tiempo, de cómo me iba apagando poco a poco tan solo por estar enamorada de una ilusión que iba y venía. No les dije de las *red flags* que comprobaba siempre y ante las que no reaccionaba porque creía en el amor de nuestros buenos momentos. Tampoco les conté de mis propios errores y mi afán por cambiar algo y a alguien que ya era así cuando nos conocimos y que se sentía feliz con su forma de vida que no era similar a la mía. Estaba segura de que ellas se daban cuenta por las actitudes que notaron en mí, pero me daba vergüenza reconocer que también tuve fallas por dejarme llevar por la fantasía del amor perfecto.

—Rentamos este departamento por un año y...

—No hay contrato que valga más que tu estabilidad, Lesslie —me interrumpió mi mamá—. Si quieres irte, vete, no pasa nada. Tienes nuestro apoyo en cada cosa que hagas y te dé tranquilidad, mi niña. Estoy segura de que ya sabes la respuesta.

Algo que no me dejaba alejarme de la relación era que no me permitía soltar porque eso lo interpretaba como un fracaso e iba en contra de mí. No aceptaba la situación que estaba viviendo y lo que tenía que aprender. Mi experiencia me ayudó a replantearme qué es una relación solo para mí, no para el mundo que idealiza o te impone creencias, sino para mí ¿qué significa una relación? Otra de las cosas de las que me di cuenta en terapia fue que me daba mucho miedo tener una relación real, con sus dimensiones y matices, más allá del cuento de hadas. Mi yo de hace mucho años creía que las relaciones eran perfectas, mi yo se creyó los cuentos de hadas y que el éxito de esas historias era el amor perfecto que es para siempre: tener al novio ideal, que te pida matrimonio, que se vayan a vivir juntos, que se casen, que viajen mucho, que tengan hijos y todo sea felicidad. Crecí pensando que ese era el éxito de una relación o su verdadera definición pero cuando estaba cerca de lograrlo, me daba cuenta de que no era lo que en realidad quería y buscaba salir de ahí a como diera lugar. Terminaba sin fracasar, o sea, esperando que el otro se rindiera porque incluso acabar una relación no era opción para mí

Tal como dijo mi mamá, yo sabía la respuesta. Cuando ella y mi hermana se regresaron a la ciudad, Él y yo quedamos en hablar sin reproches sobre nuestra situación. Fuimos a un restaurante que a los dos nos gustaba pero en aquella ocasión no sería para celebrar algo especial, sino para resolver de una vez por todas nuestro futuro.

—Necesito que terminemos —le dije, y apenas pronuncié esas palabras, mi corazón sintió una mezcla de alivio y dolor—, ya no me siento bien y necesito salir adelante, pero por mi cuenta.

Él estuvo en silencio, no sabía si pensando cómo hacerme dudar o qué decir, hasta que habló.

—Yo tampoco me siento bien, Lesslie. Cuando estás lejos siento que *tengo* que verte en lugar de que *quiero* verte.

Esas palabras, en apariencia tan simples, me hicieron sentir terrible, me dolieron profundamente. Pero también al oírlas pensé: la persona con la que yo quiera estar va a *querer verme y estar conmigo*, sin obligaciones. Él tenía sus motivos y yo los míos, los de ambos eran válidos y yo conocía a la perfección sus emociones como para decir si estaba o no en lo correcto. Respiré profundamente; lo importante estaba dicho, ahora debíamos resolver qué más haríamos.

—Te amo profundamente pero acepto tu decisión, perdón si no soy el hombre que mereces, para mí esto también es doloroso y lo único que quiero es tu bienestar. Si quieres, puedo llevarte a casa de tus papás en coche, así será más sencillo transportar algunas cosas.

Con esa frase vi pasar delante de mí mis planes de una vida juntos, un futuro lleno de amor, una familia, tantas promesas que se desmoronaban en ese momento, mi corazón hecho pedazos, pero era una decisión que debía tomarse antes de que nos hiciéramos más daño.

—Salgo de viaje a Medio Oriente en unos días, entonces debo irme de aquí lo más pronto posible.

Acordamos que primero me iría a casa de mis papás antes del viaje y al volver regresaría a Puerto Todos Santos para iniciar la mudanza, era lo mejor porque con el corazón tan roto no tendría fuerzas para pensar en cambiar de vida una vez más.

Los días pasaron y yo intentaba resignarme, hacerme a la idea de que nuestra historia había llegado a su fin. A mi familia le dije que estaría con ellos esos días para pensar bien las cosas, no quería que pensaran que era un adiós definitivo porque aunque tomé la decisión ni siquiera yo sabía si habría vuelta atrás, una parte de mí deseaba que hubiera algo que rescatar pero mis pensamientos y corazón anhelaban la paz y tranquilidad que solo tendría pensando en mí y mi estabilidad. Veía en retrospectiva el tiempo juntos, desde que nos conocimos y empezamos a hablar hasta el día que nos fuimos a vivir juntos, recordé cada una de las mentiras, lágrimas derramadas, cómo me esforcé y todo lo que di para que nuestro amor fuera como yo esperaba y como era en los días más felices. Hubo momentos increíbles que me hacían creer que Él era el amor de mi vida y otros en los que, a pesar de estar en la misma habitación, sentía una enorme soledad. El amor es algo tan complejo que quizá llegas a él esperando encontrar la felicidad que te imaginabas pero no es el momento para uno de los dos o para ninguno y por más que lo intentes no tienes el poder de cambiar algo que no está destinado a ser.

Una mañana, antes de irme al ensayo de baile del espectáculo, revisé mi maleta para comenzar a armar el equipaje que llevaría a Medio Oriente. Entré en pánico cuando me di cuenta de una cosa: mi pasaporte no estaba. *Tranquila, Lesslie, busca bien, quizá está en otra maleta o se lo diste a alguien... piensa dónde pudiste haberlo dejado*, dije para mí. Pero el pasaporte no aparecía a pesar de que puse la habitación de cabeza y busqué en cada rincón donde se pudo haber caído.

Luego de un rato, se me ocurrió escribirle a Él para preguntarle si sabía algo.

"Aquí está, lo dejaste en el cajón del buró del cuarto".

"¡Nooo! Me voy pasado mañana y no puedo ir a Puerto Todos Santos por él. ¿Podrías enviármelo por paquetería exprés y que me llegue mañana? ¡¡Urgeeee!!".

"Ok, Lesslie, ahorita me encargo de que te llegue a tiempo, todo va a salir bien".

Desde que me fui de Puerto Todos Santos habíamos platicado poco, nos escribíamos pero tratábamos de no hablar de nosotros y ahora no sería la excepción, lo importante era que tuviera mi pasaporte a tiempo. Me fui a ensayar, después a una junta y por la tarde a un estudio para grabar unos videos con otros creadores de contenido porque cada vez que se acercaba un viaje debía dejar mucho trabajo listo para subir a redes en el momento preciso. Volví a casa por la noche y justo antes de cenar, recibí un mensaje de Él:

"Ya llegó tu pasaporte".

"¿Cómo? ¿Ahorita? Pensé que estaría aquí hasta mañana. No me han llamado los de paquetería".

"Tienes que bajar".

Salí y ahí estaba Él.

—¿Qué haces aquí? —le pregunté superimpactada—. No tenías que venir, ¿cómo le hiciste?, ¿cómo conseguiste un vuelo si casi nunca hay el mismo día?

—No volé, vine manejando, llegué a la ciudad hace unos minutos.

Sabía que si te mandaba el pasaporte por paquetería tal vez no iba a llegar y a ti te urge.

—Es que no era necesario, yo...

—Lesslie, no quiero que terminemos así, te amo profundamente, lo nuestro no se ha acabado —dijo.

Y en ese instante, aún insegura y casi sin voluntad, cedí. Sabía que nuestra relación estaba desgastada, habíamos pasado por mucho, con sufrimiento, mentiras e inseguridades de por medio pero era más mi miedo a la soledad y a perderlo que mi voluntad por salir de ahí de manera definitiva. Sabía que Él tenía la capacidad de amarme como yo esperaba porque así había sido al principio, quería creerle y confiar, ser feliz a su lado.

Viajé con mis hermanos a Medio Oriente dos días después. En el tiempo de la relación nunca habíamos estado tan separados tanto en distancia como en horario, serían un par de semanas en las que más de doce horas harían muy difícil comunicarnos. Los primeros días Él me mandaba fotos de todo durante su día mientras yo dormía y yo hacía lo mismo cuando Él estaba durmiendo, más o menos pudimos coordinar un par de videollamadas por correo electrónico porque las telecomunicaciones del otro lado del mundo, y en especial en esa región, eran limitadas. Como al cuarto o quinto día dejamos de tener comunicación frecuente, mis hermanos y yo nos concentrábamos en grabar contenido, atender compromisos, incluso tener encuentros con seguidores que se habían enterado de nuestra visita y muy bellamente nos recibían con cariño, yo me sentía bien con eso pero estaba intranquila en los pocos momentos de diversión, como cenas y paseos, pensaba todo el tiempo en Él, en por qué no me contestaba si ya era de día. Los pensamientos nocivos me acechaban una vez más.

Otra vez comencé a ver las historias de Camille y sus amigos. No tardé ni media hora en darme cuenta: Él salía todos los días, incluso se desvelaba y estaba despierto cuando para mí ya era de día, nunca tuvo la iniciativa de videollamarme, solo contestaba unos cuantos mensajes. Esas historias de Instagram de conocidos me llevaron a las de desconocidos con los que también se veía, ¿cómo alguien con tantas ocupaciones puede estar en diferentes bares toda la noche?, evidentemente alguien que no está trabajando todo el tiempo, a menos que su trabajo consista en mentir y pasar la noche con todo mundo. Cuando por fin pudimos hablar por teléfono, tuve que decirle:

—Siempre estás en fiestas con cualquier persona y no tienes tiempo para llamarme. Mi viaje casi se termina y solo hemos hablado dos veces.

—Lesslie, ¿otra vez?, ¿por qué sigues buscando cosas?, ¿qué ganas con ver eso?

—¿Para esto querías que volviéramos? —respondí, con menos dolor en el pecho pero mucha rabia por haberle creído una vez más—. Regreso en una semana, voy al departamento por mis cosas.

—Te amo pero no confías en mí, siempre es lo mismo.

—Tienes razón, siempre es lo mismo. Estoy cansada de no confiar.

Si no me hubiera sentido más molesta que dolida, no hubiera podido pronunciar estas palabras: "terminamos". Se lo dije a Él pero en realidad me lo estaba diciendo a mí. Lesslie, terminas una relación porque estás cansada de todo, mucho más del enorme esfuerzo que estás haciendo al ir en contra de ti misma. Las personas son como son, siguen su propio camino, sus sueños, disfrutan de sus gustos y tienen procesos diferentes, como tú, y no hay algo que puedas hacer más allá de tus fuerzas. Quiérete a ti, ámate a ti, respétate a ti con toda la ternura posible. Descansa de todo esto y abrázate.

———

Cerraba los ojos y todo era confusión. Quería encontrar el alivio al haber tenido la fuerza de decirle adiós a la persona que amaba, pero no me sentía tranquila, me dolía mucho a ratos y el resto del tiempo trataba de no pensar en ello como un fracaso, sino como un paso inevitable. Le conté a dos o tres personas y me dijeron que, paradójicamente, la distancia era lo mejor, que cuando regresara a México debía tener mucha fuerza para mantenerme así y no caer una vez más porque ni siquiera yo sabía cuántas veces había cedido y cada una de ellas era más dolorosa que la anterior. También pensé en lo importante que es tener un círculo de apoyo que no te juzgue, sobre todo cuando quien más te juzga eres tú misma. Debía comprender que se trataba de un proceso difícil pero necesario y solo le pedía a una fuerza superior que me diera la voluntad para salir adelante. Entonces Él empezó a mandarme mensajes que me sacudieron sentimentalmente:

"Te amo. Quiero que nos demos una oportunidad".

"Por favor, sabes que a veces no estoy bien y te necesito".

"He pasado por mucho y tú eres lo más importante que tengo, no quiero perderte".

Después, cuando por fin regresé a México, vinieron las llamadas perdidas. No quería hablar pero también sentía coraje por tantos silencios, mentiras y tiempo desperdiciado. Contesté porque necesitaba comprobar que, a pesar de tener el corazón tan roto, lo mejor era seguir separados y yo podría salir adelante.

—Lesslie, no he estado bien. Lamento mucho que nosotros...

—Para mí también es doloroso. ¿Por qué hasta ahora me dices que soy importante para ti?

—He tenido muchos problemas que nunca te conté —dijo, y entonces sí sintió la necesidad de abrirse como nunca, de mostrarse vulnerable y hablar de lo que le dolía—. Las cosas en mi familia y el trabajo no son como yo esperaba, los problemas continúan y no sé qué hacer.

—Nunca me dijiste nada, ¿no me consideras tu familia? —Él guardó silencio, solo lo escuché suspirar—. No me siento bien con esto, para mí también ha sido difícil.

—Mejor cambiemos de tema. Cuando vengas me gustaría que...

—No me estás escuchando —respondí—. Me doy cuenta de que esta relación siempre ha sido para hacer sentir bien a una persona, y definitivamente no soy yo.

Colgué y apagué el teléfono. Al fin había dicho lo que tanto tiempo y lágrimas me costó pronunciar.

La ansiedad llega cuando queremos controlar todo en nuestro entorno, cuando no tenemos la claridad de nuestro futuro y experimentamos el miedo a lo no visible o a sentirnos en peligro por el simple hecho de sentir. La respuesta más sencilla es fluir con la vida. Suele escucharse muy fácil pero en realidad requiere soltar todo lo que hoy somos o podemos poseer, ya que este pensamiento viene de un apego emocional hacia una situación, persona o animal que nos hace estar en paz (o no) con nosotros mismos.

Tuve una experiencia de la que aprendí claramente, hace tiempo, estaba en un bote en el mar literalmente en medio de la nada junto a mis hermanos cuando me di cuenta de lo inmenso que es el mar. Me recordó inmediatamente que es como la vida: el futuro es poco observable, algo desconocido, enorme y lleno de muchas posibilidades, una de ellas sería nadar, otra quedarnos en el barco y no bajar a explorar, otra sería hacer esnórquel, surfear o bucear, incluso encontrar una ballena. Existen miles de posibilidades al tomar decisiones y que estas nos lleven a diferentes caminos y de cada uno aprenderemos.

Aquí venimos a vivir el libre albedrío, a tomar nuestras propias decisiones y eso nos llevará a un resultado final. Así es la vida, tú vas decidiendo cómo tomarla sin esperar que pase de la manera que queremos, la vida sucederá con lo que es necesario que aprendamos. Quizá transitemos por situaciones similares pero es muy importante aprender de cada una de ellas de forma única, recordemos que somos seres en constante aprendizaje y evolución. Fluyamos con la vida y no tengamos miedo a lo que sucederá en una hora, un día, una semana, un mes, un año, una vida entera, vivamos el presente porque lo que hoy experimentamos no se volverá a repetir y este ahora es lo más valioso y certero que poseemos.

ANSIEDAD Y ATAQUES DE PÁNICO

Cada vez que experimento algún ataque de ansiedad me funciona mucho respirar cinco inhalaciones y cinco exhalaciones, ese ejercicio controlado me ayuda a regresar a mí. Después observo mi entorno si me encuentro en una zona segura, y si no, busco llegar a ella para después tomar una meditación de cinco minutos con el fin de sentir y escuchar mi mente y corazón. Regresar a mi centro es de lo más valioso para mí, ya que la ansiedad viene del miedo hacia lo no observable, a la incertidumbre del futuro.

Ahora te voy a compartir unas afirmaciones que me ayudan cuando siento que comienzo a tener un ataque de ansiedad:

Soy luz, soy amor, soy paz,
soy mi plenitud, soy salud,
fluyo con la vida, acepto
y abrazo los procesos que
el universo tiene para mí,
tomo lo mejor, aprendo de
ello y suelto todo lo que no
me deja avanzar.

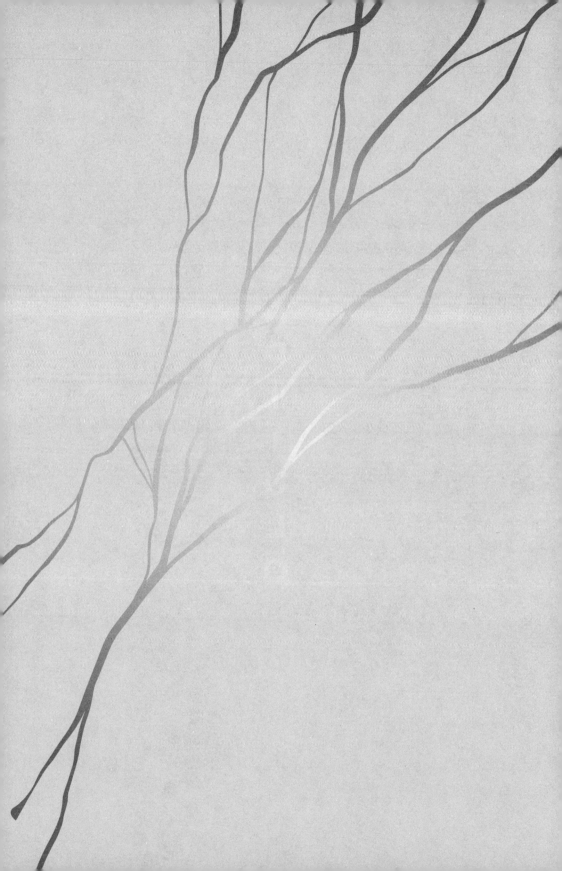

CAPÍTULO

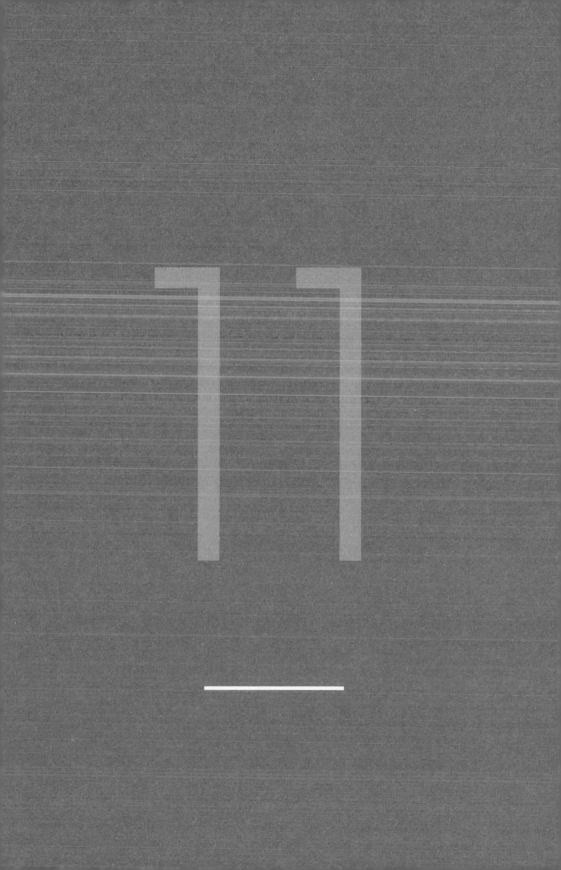

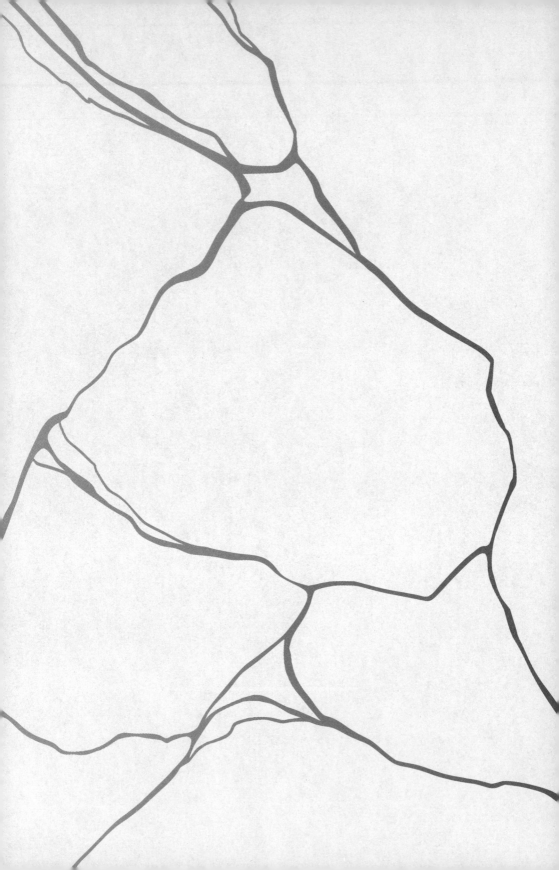

¿Cuántas veces tienen que romperte el corazón para que digas *hasta aquí*? ¿Qué pasa cuando pierdes las fuerzas para querer sostener lo que crees que es el cuento de hadas que siempre imaginaste? Me daba cuenta de que mi relación me había hecho romper el mito del amor romántico, de que, como tantos y tantas, me enamoré, di todo de mí, las cosas no resultaron pero yo no salía de ese círculo de dependencia por miedo, pero sobre todo por vergüenza. Me avergonzaba el qué dirán, qué opinarán de mí por no haber podido sacar adelante nuestros planes de una vida juntos, por haber visto una y otra vez las señales de que ese no era el amor que yo esperaba y mucho menos merecía. Sus disculpas eran sinceras pero nada en nosotros mejoraba. Sentía vergüenza de tantas cosas que el dolor por las mentiras y la traición quedó en segundo lugar cuando me di cuenta de que la Lesslie que amaba y soñaba se había convertido en alguien llena de ansiedad, miedo y dependencia. Estamos tan acostumbrados a callarnos lo que nos duele, que cuando experimentamos ese sufrimiento nos invade la vergüenza y también cuesta trabajo reconocerla para comenzar el duelo por la relación.

Quedamos de acuerdo para que yo pasara al departamento y comenzara a empacar mis cosas, necesitaba irme definitivamente. La última vez que hablamos por teléfono y supe que lo nuestro no daba para más me dolió, pero a la vez sentí alivio de reconocer que no tengo toda la fuerza para cargar sola con las cosas que no funcionan, quizá porque, como me diría mi psicóloga después, ya había comenzado el luto por aquella relación incluso estando en ella. Todo mi sufrimiento, mi ansiedad, mi tristeza tan profunda eran ese duelo necesario. Empecé a despedirme de Él meses atrás, desde que me di cuenta de que no podía seguir despertando a su lado ni haciendo mi rutina con Él porque nada me hacía sentir feliz ni plena, Él había manchado nuestro amor con traiciones, mentiras y tanto daño. Llegué consciente de que quizá nos veríamos por última vez, que no había nada más de qué hablar y que quería atesorar los momentos tan hermosos que vivimos pero pensar en los dolorosos para que esos me dieran la fuerza que necesitaba para salir de ahí cuanto antes.

Apenas puse un pie en Puerto Todos Santos, fui a ver a su mamá. Algo que me entristecía mucho era despedirme de ella, llegué a quererla con todo el corazón por haberme abierto las puertas de su hogar y hacerme parte de su familia, por aconsejarme como a una hija aunque sabía que el vínculo con su propio hijo era el verdaderamente fuerte y, a pesar de saber cómo era, siempre estaría de su lado.

—Me da mucha pena esto, mi niña —dijo mientras me abrazaba con todo su amor de madre—, yo no quería que las cosas sucedieran así, Él a veces no sabe lo que hace.

—Sí lo sabe —respondí—, siempre lo ha sabido y aunque desearía que nuestra relación se salvara, ya no podemos seguir.

—Lo sé y me duele que Él y tú terminen así, pero haces bien, decide siempre por tu bienestar, donde tu corazón se sienta a salvo. No cometas los errores de otras personas, sé feliz por ti, mi niña.

Con su abrazo sentí todo el cariño y comprensión que me hacían falta, solo ella sabía cuánto quería a su hijo y también lo conocía a la perfección, por eso sus palabras tan sabias me dieron mucho alivio. Duele abandonar a la familia que la vida te regala pero era consciente de que después de eso no habría marcha atrás. Por la noche, cuando fui al departamento, Él ya me esperaba ahí, mis cosas seguían en su lugar, como si nada hubiera pasado. Comencé descolgando mi ropa del clóset, guardé en cajas los zapatos y comencé a vaciar lentamente mis cajones.

—Todavía no sé por qué haces esto —me dijo. Vio mi expresión de confusión ante sus palabras y continuó hablando—. Nosotros podemos seguir juntos, tenemos que hablar, te amo más que a nada en el mundo y necesito demostrártelo, no quiero perderte.

No quiero perderte, me dije, la misma frase de cada vez que peleábamos, cuando yo le decía que no podía estar con alguien que me mintiera, la misma que me repetía siempre que yo sentía que debía salir de la relación cuanto antes.

—Más de un año juntos y todo el tiempo fue lo mismo —respondí con toda la calma del mundo—, ¿por qué ahora sí te interesa que me quede?

—Porque te amo, Lesslie, estoy dispuesto a cualquier cosa con tal de que sigamos juntos.

—Hubo cientos de oportunidades de salvar esto y en ninguna hiciste algo. Ahora soy yo la que quiere salvarse a sí misma, estoy exhausta de tanto intentarlo.

Inmediatamente empezó a besarme, lloraba, me abrazaba, yo no sabía qué hacer, si salir corriendo o deshacer mis maletas e intentarlo una vez más. A pesar de que Él sabía que había viajado decidida y que le había dicho a mi familia que únicamente iba por mis cosas, no se fue al cuarto de visitas, insistía en demostrarme que yo estaba confundida, que éramos el uno para el otro... y pasé la noche con Él, con la misma urgencia de siempre porque en mi corazón sentía que ese sentimiento tan profundo no podría extinguirse así nada más. A la mañana siguiente, con un poco de culpa y muchísima confusión, mientras Él se bañaba, pensé: si no recojo el resto de mis cosas ahora volveré a caer durante meses una y otra vez en la misma dinámica hasta que sea peor y mucho más doloroso, no seré fiel a mí, llevo muchísimo tiempo sintiéndome mal, lo he perdonado de todas las formas posibles pero simplemente es como si no me pudiera desprender, no quiero esto, necesito usar el poco de coraje que me queda para irme de una vez. Volví a lo que tenía pendiente, guardé un poco más de ropa y revisé que nada importante se quedara en el clóset.

—¿Me acompañas a comprar unas cosas? —me preguntó, sin tocar el tema de que yo debía seguir empacando, a pesar de que veía que lo estaba haciendo.

Nuestro día muchas veces había comenzado así: vamos a comprar, de ahí vamos a comer, luego un trago, y otro, y otro, y así hasta que se hiciera de noche y los tragos se acumularan. Conocía la dinámica a la perfección. A veces me gustaba porque nos divertíamos pero temía que dejara de ser él mismo solo por convivir.

—Déjame en la galería, quiero ver a tu hermana antes de irme —respondí, y con eso quedó claro que mi postura era la misma que el día anterior.

Él dijo que sí en voz baja y molesto e hicimos el camino en total silencio. Antes de bajarme dijo que pasaría por mí en un rato, ni siquiera le contesté porque siempre era lo mismo y como acababa de afirmar que de todos modos recogería mis cosas, quizá le daba igual cumplir con su promesa. Apenas me vio, su hermana corrió a abrazarme, probablemente Él o su mamá le habían contado por qué estaba ahí y que quizás aquella sería nuestra última vez juntas.

—Me da muchísima pena que las cosas hayan sido así —dijo cuando nos sentamos a platicar en una salita de la galería—, no sé qué le pasa, por qué echa a perder todo de esta manera, mi hermano no comprende.

—Necesito estar tranquila, lo hemos intentado una y otra vez y siempre es lo mismo, mi estabilidad emocional ya no da para un desencanto más.

Ella miraba hacia el suelo, sentí como si supiera más o estuviera evadiéndome por algo que no solo era la ruptura y también la noté muy molesta con Él. Iba a preguntarle qué tenía cuando el teléfono de la oficina sonó.

—Dame un minuto, ahorita vengo —dijo seria.

Me levanté para ver unas impresiones que estaban sobre una mesa para la siguiente exposición y, de repente, algo llamó mi atención: la computadora de Él también estaba sobre la mesa junto a las impresiones, la reconocí por el *case* con sus iniciales. Eché un vistazo hacia la oficina que tenía la puerta entreabierta, su hermana acababa de sentarse delante de la computadora y pensé que su conversación por teléfono tardaría más. No lo dudé y tomé su computadora.

El corazón me palpitaba muy fuerte, sabía que como mi decisión ya estaba tomada no tenía nada que perder aunque por eso mismo ¿qué ganaba si revisaba sus cosas? Recordé cómo me sentí durante el viaje a Asia, ¿acaso valía la pena hacerlo? Mis pensamientos iban y venían rápidamente mientras sostenía el dispositivo. Mi intuición siempre me dictaba algunas cosas, varias de ellas las ignoré en ese afán de cuidarlo y cuidarme, de salvar el amor que sentía, pero también necesitaba corroborar mis sospechas. Desde la vez pasada Él había cambiado la contraseña de su teléfono y yo recordaba que no volví a ver su computadora, quizá la dejó en la galería consciente de que yo podía usarla cuando estuviera en el departamento. Probé con la contraseña que me sabía y funcionó, tenía acceso a todo lo que quisiera ver. Directamente me fui a la galería, sabía que tenía vinculado el teléfono con la computadora y ahí podría ver absolutamente todo lo que pasara por el celular. Apenas la abrí, me quedé muda: Él tenía fotos de otras mujeres, como si ellas se las mandaran en alguna conversación. Vi las fechas y, aunque mi corazón latía a mil por hora, una mezcla de miedo y ansiedad, no me tomó por sorpresa que estuvieran fechadas en la época en que claramente ya éramos novios. Si no quería estar en una relación ¿por qué no terminaba conmigo y continuaba su vida conociendo más gente?

—¿Por qué? —susurré—, ¿por qué tenías que hacer exactamente lo mismo que los demás hombres que provocan tanto daño?

En las conversaciones también estaban archivadas las de Camille. Por más que me dijera que seguían siendo amigos ¿por qué no fue sincero conmigo? Lo único que yo no podía tolerar era la mentira y Él, además de ocultarme cosas importantes, disfrazaba la realidad. Me fijé en las fechas de las fotos y las conversaciones. También revisé mi teléfono y la agenda: Él le escribía mientras éramos novios, cuando vivíamos juntos. Todo tuvo sentido: las horas que se iba sin decirme dónde estaba, las noches que pretextaba que tenía mucho trabajo. Siempre estuvo con sus amigos y las amigas de ellos, las chavas a las que yo había visto en fiestas y otras que no conocía.

Cuando su hermana me vio con la computadora en la mano y la expresión de llanto y odio supo todo, ella también estaba al tanto de lo que Él hacía y por eso sentía vergüenza, una que Él nunca sentía porque mentir y engañar era normal.

—Lesslie... —susurró.

—Ha sido Camille una y otra vez. Su vida es estar rodeado de todos ellos pero tampoco me suelta —dije, y le ofrecí la compu para que la mirara. Tan solo le echó un vistazo a algunas cosas.

—Entonces ¿qué haces aquí?, ¡ya vete!, ¡déjalo de una vez!, ¿qué más necesitas para darte cuenta de que Él nunca va a cambiar, que solo te hace daño? Él no te merece, Lesslie, vete y no mires atrás.

—Era lo único que necesitaba ver.

Salí de allí pero, por primera vez, me sentía liberada.

En ese momento pedí un taxi y de camino al departamento evadí sus llamadas, pensaba que tal vez había llegado a la galería justo cuando yo me iba y su hermana le había contado. Cuando llegué al departamento, me di cuenta de que Él ya estaba ahí. Entré y seguí hasta la habitación, me recargué en la puerta y le dije:

—Todas las veces que me dijiste que lo de Camille se había terminado eran mentira. También que te quedabas trabajando y en realidad estabas con tus amigos y las demás chicas. Una mentira tras otra.

Apenas pude, le reclamé de todo, me desahogué, las palabras salieron sin detenerse, pasaban por mi corazón enfurecido y se apoderaban de mí, esas mismas palabras que tantos meses reprimí por miedo a la soledad y al abandono. Se las dije y al mismo tiempo me las decía a mí misma, me daba coraje no haber salido de mi fantasía del amor perfecto porque pensaba que con Él todo debía ser maravilloso, que tenía que ser la mujer perfecta para tener el amor y la relación ideal que siempre soñé, cedí ante cada cosa que creía que podía mejorar y me olvidé de mí. Tanto Él como yo éramos responsables de estar así, Él por nunca ser honesto ni decirme qué quería en realidad y yo por empeñarme en cambiar algo y a alguien que quizá no era para mí. Me dolía haber cuidado tanto esa relación, haberme mostrado por primera vez ante todos enamorada de lo que resultó un espejismo, vivir mi fantasía y que nada de eso estuviera construido en la confianza.

—Ya basta, Lesslie —dijo—. Otra vez revisaste mis cosas, ¿qué ganas con alimentar esas ideas?

—Sabes que cada cosa que te digo es cierta porque vi todo, ya no tienes hacia dónde huir ni más argumentos.

—No pienso hablar —respondió de una manera dolorosa—. Mejor arreglamos esto cuando te calmes.

—¿Arreglar?, no hay nada que arreglar. Ver eso era lo único que me faltaba para irme.

—Mejor me voy, hablamos hasta que te tranquilices —dijo, con la intención de irse.

Me puse a llorar en ese momento, solté las lágrimas que tanto me había contenido pero no me salían lágrimas de dolor por su traición o porque lo amara, más bien eran de coraje, las que más duelen porque tienen otro significado. Inmediatamente Él me abrazó, también lloraba, aunque las suyas tenían otra intención.

—No podemos tirar así nada más nuestra vida juntos, Lesslie, no podemos. Perdóname por todo lo que hice, no quería dañarte, perdóname, por favor, te juro que esto va a cambiar —dijo.

—Tus promesas son palabras, para mí no tienen ningún otro significado. Si te vas a ir, adelante, vete y déjame hacer lo que debo, que es irme para recuperar mi tranquilidad. Los dos estamos muy cansados de todo esto.

—Quizá no era nuestro momento de estar juntos —dijo en voz baja.

—Me duele admitirlo pero tienes razón: tal vez no ahora —respondí.

Me moví de ahí para darle el paso pero no se fue, se quedó en el mismo lugar y yo retomé lo que dejé pendiente, en silencio saqué más cosas de mis cajones hasta que nada cupo en la primera maleta. Él estaba en silencio, lo vi de reojo y una vez más sentí furia pero no tenía otra cosa que hacer que no fuera sacar mi vida de ese departamento.

—Necesito cajas —dije en voz baja, después más fuerte—, ¡necesito que tengamos más cajas para llevarme todo de una vez!

—Voy por unas, regreso en un rato.

Volvió luego de un rato, armó las cajas y las puso cerca de mí para que siguiera empacando en silencio. Cada cosa que metía ahí era parte de esa vida en conjunto que tanto me esmeré en construir, cada souvenir de nuestros viajes, las piezas que escogí con amor, cada prenda de vestir tenía un significado distinto, primero desde la ilusión y ahora desde la decepción; tomé lo necesario y dejé lo que sabía que a la larga me produciría mucho dolor. Era duro pero si no lo hacía cuanto antes, nunca podría irme de ese departamento. Empacaba mi vida, mis sueños y lo que quedaba de mi amor.

—Lesslie, no sé qué más decirte para...

—Absolutamente nada. No tienes que decirme una sola palabra, lo nuestro se acabó, ¿no lo entiendes? A mí me costó meses poder tomar esta decisión a pesar de que cada día vivía una decepción tras otra. Por favor, respétame un poco y no hagas esto más difícil, me has dañado mucho.

Las palabras salían de mí con una fuerza que ni siquiera yo podía creer, eran producto del dolor pero también del coraje, de haberme dado cuenta de que no estaba fracasando como siempre lo creí, sino que por primera vez podía tomar la decisión que me cambiaría la vida tan solo para mejorarla. Él suspiró y salió en silencio. Esa noche me costó mucho trabajo dormir, despertaba y veía las cajas con mis cosas, mis dos maletas llenas de ropa y detalles personales, notaba las siluetas de los muebles que compré con tanto cariño, la decoración de ese espacio que quería convertir en un hogar. Lo veía todo con tristeza porque ante algo así es inevitable no sentirse triste pero no dudaba, recordé cuánto había cambiado en esos meses, cómo extrañaba a la Lesslie de antes y cómo me acostumbré a fingir estar bien cuando por dentro todo se derrumbaba. Me enamoré de Él porque quería ser feliz y que me quisieran, mi error fue pensar que me querrían como yo esperaba y Él sería igual a mí, y atadas a esas ideas vinieron una a una las decepciones. Pero ya no más, no más dolor, estaba a horas de salir por aquella puerta sin echar la mirada atrás.

Cuando desperté vi los mensajes de Él, me preguntaba a qué hora podía pasar por mí, si ya tenía vuelo para viajar desde Puerto Todos Santos, si quería que me llevara al aeropuerto. Reflexioné sobre cuántas veces me puse en segundo lugar porque pensaba que era lo correcto para rescatar la relación o porque el amor incondicional se manifiesta de esa manera, y mis ideas quizás eran las mismas que las de muchas personas que pasaban por lo mismo. Una hora después su hermana fue por mí para llevarme al aeropuerto, se había ofrecido a mandar mis cajas por paquetería y coordinarse con Él para que yo no tuviera que hacer nada con la renta del departamento o el resto de los muebles que inevitablemente habría que vender.

—Lesslie, me duele lo que sucedió con mi hermano pero quiero que sepas que...

—No tienes que decírmelo, gracias por todo lo que has hecho por mí —respondí—, ustedes fueron una familia hermosa, me recibieron con los brazos abiertos y me duele que nos separemos pero tienen mi cariño y respeto.

—No entiendo cómo pudo hacerte todo eso, qué le pasa por la cabeza o por qué piensa que tiene derecho a dañar de esa manera.

—Yo he pensado en eso todos los días desde hace mucho y estoy segura de que aunque Él lo sabe actúa así porque es lo que conoce, se ha relacionado de esa manera conmigo y no puede dejar de hacerlo. A veces los hombres con muchos problemas emocionales que nunca se atienden actúan así, un día son las mejores parejas y te tratan de maravilla, te hacen sentir la mujer más especial del mundo y al siguiente, todo lo contrario, no dejan de hacer daño. Yo también cometí muchos errores, el principal fue hacerle más caso al ego y querer cambiar una realidad que ya de por sí es así.

—Eres muy fuerte, Lesslie. Esta es una experiencia bastante mala pero créeme que no te define, para nada debe restarte algo del inmenso amor que eres capaz de dar.

Las dos nos abrazamos como despedida, le dije adiós a una hermana pero también me despedí de una amiga. En ese momento me reconcilié con una parte de mí, la que perdona a quienes no tienen nada que ver en los problemas de los demás. Pensaba una y otra vez que el dolor fue lo que me sumió en una tristeza enorme al estar en una relación que se basaba en las mentiras y los engaños pero fue el coraje lo que me ayudó a salir de ahí, a respetarme y no permitir que me hicieran más daño. Mientras documentaba mi equipaje, un pensamiento nocivo llegó a mi mente: ¿qué le dirá Él a sus amigos?, ¿que me volví posesiva e insoportable?, ¿que fue Él quien me dejó? ¡No pienses en eso, Lesslie!, me dije, qué te importa lo que piensen ellos, que crean lo que les dé la gana, ni siquiera tienen por qué juzgarte si son unos patanes acostumbrados a mentir y engañar. Cuando iba a abordar, por fin me sentí tan feliz y liberada, como la heroína de mi vida. Ese día no volví a llorar por tristeza y dolor, si lloraba era por coraje y por su cinismo. Al momento de despegar cerré los ojos y sonreí. Por fin había llegado a ese punto, liberé la carga emocional que me apretaba el pecho y pude suspirar: era libre.

Últimamente hemos escuchado este término, pero en realidad ¿qué conlleva? La *depresión* es un trastorno emocional que provoca un sentimiento de tristeza constante y una pérdida de interés hacia la vida. Es un estado mental en el que entramos y por él muchas veces llegamos a tener pensamientos destructivos al grado que no sabemos cuál puede ser la salida.

Puedo decirte que en un momento tuve una depresión por la dependencia hacia una persona, estando deprimida no podía ver la luz al final del túnel, me sentía perdida, no me sentía comprendida y no sabía hacia dónde ir. Cuando nos encontramos ahí no nos damos cuenta de que la respuesta es más sencilla de lo que imaginamos. Cuando decidas salir y ver por ti, porque no hay alguien más que lo haga, te darás cuenta de que el final del túnel está mucho más cerca de lo que parecía.

Nuestra mente es demasiado poderosa para crear nuestra propia realidad, por eso te invito a que hoy empieces a crear la realidad que quieres, comienza por imaginarte a ti mismo y trabajar todos los días por la persona en la que te quieres convertir. Sé que la depresión es fuerte, sé qué dejar de tener pensamientos negativos y tristeza es algo muy difícil y muchas veces no salimos solos de esa depresión. Hay muchas formas de sanar, lo importante es dar los primeros pasos. Cada cambio o cosa nueva que hacemos ayuda mucho a mejorar nuestro día, ya sea con ceremonias a la Pachamama, con terapia psicológica o simplemente con cinco minutos de risa. No estamos solos, siempre hay alguien que quiere ayudarnos.

Ahora, en un ejercicio de reflexión piensa únicamente en ti: ¿qué le dirías a tu niña interior? ¿Cómo la empoderarías para que su corazón se fortalezca y reconozca su propio valor? Recuerda que el amor que te das a través de tus palabras es el mismo que te abrazará cuando más lo necesites.

DEPRESIÓN

KINTSUGI

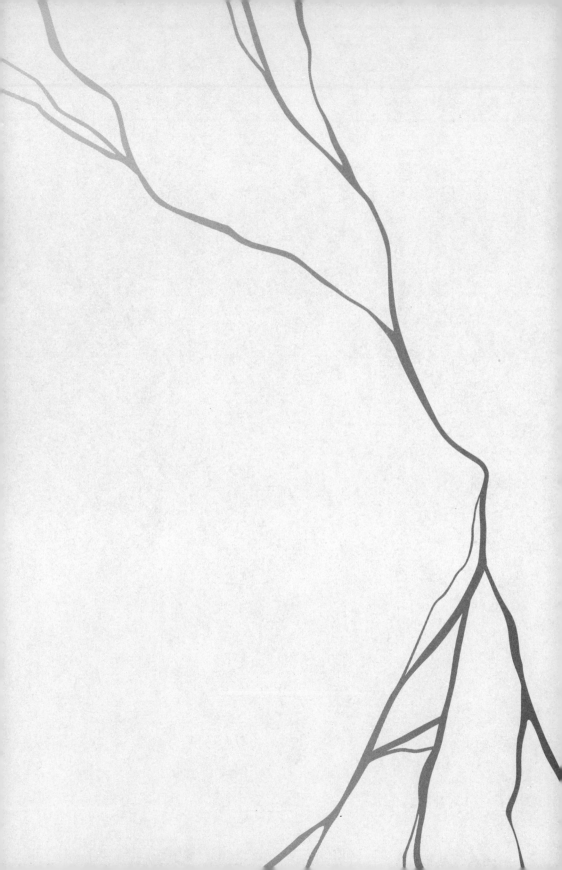

El tiempo sana todo cuando dejamos ir aquello que nos duele y vemos la realidad tal y como es. Cuesta mucho trabajo aceptar que la vida no nos da lo que esperamos, que aquello que soñamos y por lo que luchamos quizá no es para nosotros o no llegará en el momento que nos gustaría; entonces hay un profundo dolor, negación por lo vivido y tristeza. A veces terminamos con el corazón y el alma rotos, sentimos que somos incapaces de volver a sentir con la misma intensidad porque estamos hechos pedazos y no vemos más allá de esa tristeza. Sin embargo, no hay nada más hermoso y puro que reconstruirse, sanar, estar conscientes de la realidad y abrazarla con amor, juntar esos pedazos y hacer algo nuevo, convertir las cicatrices en una nueva piel mucho más hermosa, sin negar su pasado, sino dándole un nuevo valor, uno mucho mayor: el de la resiliencia. La belleza de un corazón capaz de sanar y amar es lo más puro que existe, ha librado muchas batallas y sigue adelante, brilla como el oro, se ha transformado y convirtió su fragilidad en fuerza.

Es muy difícil escuchar a las personas cercanas cuando quieren darte un consejo, a pesar de que los ames mucho y tú sepas que te lo dicen porque se dan cuenta de que no estás bien. Me sucedió que estando en pareja comencé a cambiar mucho porque pensaba que era lo que la otra persona quería de mí, sin que fuera cierto porque nunca me pidió cambiar o ser más como Él, simplemente era lo que yo interpretaba y pensaba que debía hacer. Cuando modifiqué muchas de mis conductas, como que empecé a salir de fiesta cuando eso nunca me había interesado, mis personas cercanas se dieron cuenta y me recomendaron cuidarme pero no quise escuchar. Por lo general decidimos no escucharlos, creemos que todo lo que pensamos está bien simplemente porque ya lo tenemos en mente y creemos que podemos tener el control absoluto pero en realidad estamos perdiendo el control que sí importa, y ese es el control sobre nosotros y nuestra esencia.

Hasta que cae sobre ti el balde de agua fría y dices "ya no más", porque el malestar es tan grande que reconoces que esas advertencias tenían sentido, no porque lo que hacías estuviera mal, simplemente porque no eras tú quien lo hacía, sino la versión que creaste para agradarle a alguien más. Es una sensación similar a que el telón de una obra de teatro caiga porque la historia que inventas de ti y de tu relación idealizada es una actuación, una puesta en escena. Hemos escuchado una y otra vez el término *tocar fondo*, y es así, pero nadie más va a hacerlo por ti. Y de la misma manera, a pesar de que tengas a todos tus seres queridos alrededor diciéndote qué está bien y qué mal, la experiencia es tuya. Todo lo que los demás te dicen pasa por su propio juicio, el de sus ideas, vivencias y expectativas, pero qué tanto de eso vas a escuchar y tomar en cuenta, qué tanto de verdad tiene que ver con tu esencia. Tú no lo vas a entender hasta que no sepas y digas cuáles son tus límites, quién eres y cómo te sientes. Para mí ha sido un largo camino comprender cuáles son mis verdaderos límites, no los impuestos por los demás y por una educación aprendida, sino los que conllevan un malestar una vez que los he cruzado o alguien más lo ha hecho.

Siempre hay de dos: o te paralizas y te hundes, o analizas lo que viviste y avanzas a como dé lugar. Yo sé que, pese a todo, pedí vivir esto de forma inconsciente, o más consciente de lo que me imagino, por el hecho de aprender y evolucionar. Mucho de lo que nos sucede es precisamente porque necesitamos evolucionar. Hay personas que entran a nuestra vida para cambiarla, pueden ser pasajeras o darnos grandes lecciones y quedarse mucho más tiempo, pero cada una tiene su propio ciclo y lo que nos corresponde es comprender que ellos andan a su ritmo y cuando coincidimos ¡qué padre!, es hermoso, y cuando no, se trata de aprendizaje. Nadie nos da esas lecciones, nosotros las comprendemos a veces de forma hermosa y otras a través del dolor, pero cada una conlleva un aprendizaje muy valioso.

———

Llegué a la Ciudad de México justo a tiempo para uno de los ensayos más importantes del *show* con mis hermanos. No tuve tiempo ni siquiera de ir a mi casa, necesitaba moverme, bailar, saltar a pesar de tener el corazón roto. Mi equipo se portó increíble conmigo, me cuidaron, me dieron el amor y comprensión que necesitaba para seguir adelante con profesionalismo aunque me sentía bastante rota. Cuando finalizó el ensayo, después de un abrazo grupal, fui al lugar donde sacaría de una vez por todas lo que acababa de vivir en Puerto Todos Santos. Mi terapeuta ya me esperaba. Apenas llegué, empecé a hablar y hablar, me escuchaba a mí misma y comprendía la importancia de decir todo aquello que callé durante tanto tiempo.

—Lesslie, hay mucha fuerza en afrontar lo que nos sucede, sea bueno o malo. Habla siempre, pon en palabras todo el dolor y sufrimiento, sé tú y reconócete en esto. No tengas miedo ni vergüenza, incluso una experiencia como esta también forma parte de ti.

Después de la sesión y de meditar un rato en soledad, me di cuenta de que necesitaba escribir mi historia con mi propia voz, con honestidad y poniendo mis sentimientos en cada palabra. Cada proceso es duro porque reconoces tus debilidades, lo que te sucedió, vuelves a ver con mayor claridad aquellas *red flags* que siempre estuvieron ahí y dejaste pasar, te confrontas, te enfadas contigo misma y es un largo camino hasta que por fin consigues perdonarte y abrazarte con todo el amor que mereces. Yo, además de la terapia que comencé a tomar cuando supe que lo de Camille no se había terminado, empecé a escribir. La escritura siempre ha sido mi refugio, me ha dado herramientas muy valiosas y por eso necesitaba confiar en poner en palabras mis sentimientos.

Durante la relación escribí muchísimo en mis cuadernos que cargo a todas partes, varias páginas tienen una escritura ansiosa y frenética por la felicidad o la desilusión, sobre muchas de ellas cayeron mis lágrimas y otras fueron testigos de mi emoción. Esta historia tenía que ser escrita para sanarme y también para recordarme que soy fuerte, que ninguna decepción es tan grande como para borrar mis sueños o hacerme perder la ilusión del amor. Y también para decirle a quien la lea que no hay que sentir vergüenza por situaciones como la mía porque cada persona vale por sus logros y también por sus adversidades.

Decidí tomar un retiro espiritual de una semana cerca de la cuidad, en un lugar lleno de misticismo en medio de la naturaleza. Ahí medité, comprendí muchas cosas que pasaban en mi vida, pude poner en palabras mis sentimientos, los verbalicé y también los escribí. Y lo primero que hice fue perdonarme. Cuando lo hice, experimenté lo más bello y liberador de mundo. Sentí que yo me había fallado a mí misma por transformarme en alguien que no era, solo por complacer a otra persona, y a quien le había fallado en todo el proceso fue a mí. Cuando me perdoné y pude ver cada detalle desde otra perspectiva entendí la verdadera finalidad de mi experiencia y ahora lo que tengo es gratitud, porque gracias a Él pude darme cuenta de la persona que realmente soy y del valor que poseo. Si no hubiera sido por lo que viví y cómo sucedió yo hubiera seguido encerrada en un tipo de relación así, con Él o con cualquier otra persona. Le doy las gracias porque, de una u otra manera, decidí pasar por eso y tuve un gran aprendizaje. Soy muy espiritual, siento que muchos de nosotros venimos a este mundo a conectar con algo que nos precede, nuestra esencia, en ocasiones la buscamos en sitios llenos de felicidad y magia y otras por medio de la decepción; uno puede escoger un camino u otro quizá sin darse cuenta. Durante los días de retiro, la meditación, la soledad y escucharme me dieron las herramientas para ver con mayor claridad y comprender que yo nunca me había amado de la forma como me amo y valoro ahora. Entendí que no podía hablar de amor propio si no lo sentía: me di cuenta de que no me amaba y no me estaba disfrutando, era infiel conmigo misma y necesitaba perdonarme.

En mi proceso hice un fuerte ayuno, tenía que alimentarme de mis pensamientos, mis emociones y mi entorno, cultivar mi mente. Ahí fue cuando salió todo. Meditaba en blanco, entraba a esas meditaciones y salían tantísimas cosas que me habían estado presionando, que yo no liberaba porque, como suele sucedernos, me aferraba a otras que solo entorpecían mi sanación. Por eso llegar a una claridad en la que te despojas de todo y te escuchas es mágico. Me escuché por primera vez. De repente me llegaban pensamientos difíciles y de inmediato me decía: no te victimices, lo que pasó ya pasó, tenías que vivirlo así. En esa introspección me di cuenta de que había vivido el duelo por la pérdida de dos personas, estando en la relación y también después. Tuve que despedirme de esas dos personas: de Él y de todo lo que soñé que podía ser, y también de la que yo era antes de esta experiencia. Con total sinceridad puedo decir que fue muy fuerte hacerlo pero lo que vino después lo he vivido con total aceptación y amor.

Siempre he tratado de dar mi mejor cara aunque me sienta mal, de expresarme con alegría y mostrar mi mejor semblante, tanto en mi trabajo como con mi familia y amigos. La terapia me ayudó a entender cada sensación: no es que me volviera egoísta al pensar en mí, sino que así debe ser, ponernos siempre en primer lugar antes de dar todo por otra persona, trabajo o situación. Me di cuenta de que debía ser honesta: si iba a dar amor, también tenía que recibirlo, y la verdad es que no estaba lista para recibirlo porque yo no me amaba. Qué complicado es cuando entiendes que no te amas como siempre creíste solo porque estabas dedicada a dar amor, que habitamos un mundo en el que asumimos que si hacemos algo con entrega, vivimos de esa forma, y no. Siempre creí que yo comprendía el amor propio cuando no era así, yo sabía dar todo a los demás y quizá por eso mismo mi amor propio era insuficiente. Entiendo que existen cosas que pasan en la vida, son inevitables y hay que verlas de otra manera fuera del papel de la víctima; muchas las decidimos y queremos que se den de esa forma, quizás por falta de criterio o amor deja de haber armonía y la felicidad que nos imaginábamos se distorsiona. A veces pienso que si viví todo esto fue porque de una forma u otra yo atraje esa energía a la relación, yo tenía que resolver un asunto muy profundo conmigo, Él fue mi acceso para poder entender que tenía que amarme a mí y dedicarme el tiempo para sanarme.

En ocasiones consentimos en exceso nuestra mente y cuerpo, tenemos sensaciones de bienestar y nos quedamos ahí porque la zona de confort es precisamente eso, muy cómoda. Me sucedió durante toda la relación: Él era un hombre increíble conmigo la mayor parte del tiempo, pero cuando ignoraba mis sentimientos, me ocultaba cosas y me engañaba, rompía un poco más con mi amor propio, de por sí frágil, y yo decidía perdonar porque valoraba más los momentos buenos que aquellos malos que se iban acumulando y para nada eran menos importantes. Valoré mucho la formalidad de una relación y cuidar de Él, pese a que Él minimizó cuidarme. Mi zona de confort era una relación idealizada, ahora comprendo que lo verdaderamente valioso es tener una relación real, pero nada de eso es posible si la relación más trascendental, la que se tiene con uno mismo, no es sana.

En esta historia no soy una víctima, simplemente soy humana. Crecí siendo una mujer fuerte y a la vez idealista, soñaba con el amor tal cual siempre me lo imaginé, pero ahora me doy cuenta de que las cosas no siempre salen como deseas aunque pongas todo de tu parte, y está bien, la vida real funciona de muchas maneras, unas más amables que otras, pero todas esas formas tienen un propósito. Yo lo supe hasta que me sucedió. Mi historia es haberme encontrado y amado, quererme como merezco. Durante mis momentos más oscuros dejé de verme al espejo, no me gustaba mirarme, no me sentía feliz, había abandonado mis sueños y el orgullo de amarme porque eso se lo había dejado a la validación de alguien más y poco a poco perdía lo más importante, que es el amor propio. Con el tiempo y después de vivir en una profunda tristeza y salir de ella con mucho cuidado de mí misma conquisté lo que creía perdido: mi amor, mi propia voz y mi valentía; aprendí a amar estas cicatrices que ahora son mucho más valiosas porque forman parte de mi historia y me hacen fuerte, volví a verme como soy: una persona hermosa que merece el amor más puro, el que solo puede salir de mi propio corazón.

Piensa que nadie va a hacer la diferencia, nadie va a amarte de la forma más bella y desinteresada porque esa es la que te corresponde a ti, nadie va a dar la cara por tus sentimientos si tú no lo haces. Tienes que afrontar que cada cosa que te suceda, por grande o pequeña que parezca a ojos de los demás, es importante para ti y es válida, cuenta en cada una de sus manifestaciones. Nunca minimices tus sentimientos porque otros no los toman en serio; no te hagas daño con la anulación porque la única opinión que de verdad vale es la tuya. Amar duele, pero también es hermoso, es un regalo increíble que podemos otorgar pero primero hay que obsequiarlo a nosotros mismos. Sé consciente de que no todos los amores que idealizamos pueden ser como los queremos, algunos fallan y nos hacen sentir tristes, incluso que no podremos salir de ese desconsuelo tan hondo. La herida va a estar, es parte de ti, pero va a dejar de doler y poco a poco disminuirá, se convertirá en un recordatorio de un antes y un después de ti, de quién eras y quién eres hoy en día.

A través de la meditación me di cuenta de cómo estaba debilitando mi mente y mi cuerpo al pensar tanto en la misma persona. La energía de cada uno tendría que estar enfocada en uno mismo, en su bienestar, en decirse cosas amables y darse ánimo, pues el mundo de afuera ya es bastante hostil. ¿Cuántos pensamientos nos dedicamos al día?, ¿cuántos de esos son positivos?, ¿cuántos me hacen sentir bien?, ¿cuántos los enuncio con el amor que merezco? Cuando me di cuenta de eso cambié mucho, desde mi semblante hasta la forma de pensar en mí misma. A veces esperamos que alguien más nos diga que nos vemos muy bien, que somos inteligentes, que importamos, y eso nos hace sentir de maravilla, incluso nos cambia porque a ellos les otorgamos el poder de la palabra sobre nosotros, pero no es necesario que alguien más lo diga o lo valide si cada uno puede hacerlo con mucha más fuerza y sinceridad. Decidí darme el amor que merezco a través de la palabra, que es tan poderosa. Decidí decirme todos los días cuánto valgo, que soy hermosa, que soy bondadosa, que tengo sueños y aspiraciones, que puedo compartir este enorme amor con quien lo merece, empezando conmigo, y me otorgué la fuerza necesaria para fortalecer mi corazón.

Si ignoras los pensamientos negativos solo les estás bajando el volumen pero ahí siguen porque no los has afrontado, no conoces su origen o por qué existen; nada es peor que callarse y ocultar algo que no te gusta, cuando en realidad podrías verlo de frente y reconciliarte con eso para sanar. Sé consciente de lo que viviste, lo que te gustó y lo que no, lo que duele y hace feliz, solo así sabrás qué quieres y qué no estás dispuesta a aceptar. Abre tu corazón y te darás cuenta de que el perdón también está ahí, de que puedes reconciliarte con bondad y sabiduría aunque ahora parezca imposible, que si te perdonas y te abrazas con la comprensión que necesitas los demás dejarán de pesar, ya no tendrás una carga porque habrás soltado aquello que duele, los recuerdos que lastiman, y verás que puedes ser tan feliz como antes, que has sanado.

Quiero que sepas que no está mal amar y tener ilusiones, confiar en el amor y en lo que tu corazón te dicte aunque hayas pasado por una y mil dificultades. No te quites la posibilidad de volver a sentir: si eres intensa, si amas demasiado, sigue siendo como eres, pero ámate a ti primero y permítete sentir en todo su esplendor el amor, la intensidad, la tristeza, cada sentimiento vale la pena. La vida es así, llena de emociones y un tropiezo simplemente es una experiencia, no una definición de quién eres.

Aunque haya vivido esto no dejo de sentir que todavía hay amor, eso no cambió porque así soy, una mujer que ama con total entrega y sin reservas y eso no está mal, son formas de ser y de querer y hallarán un destinatario que las valore. El amor es algo tan complejo que a veces sucede como lo esperamos y muchas otras no, pero no deja de ser un sentimiento muy puro y fuerte que nos llena de aprendizajes a pesar de las circunstancias. Estoy segura de que no volveré a amar de la misma manera por el simple hecho de que yo no soy la misma, he evolucionado y tengo estas cicatrices tan hermosas que vienen de la experiencia y la sanación; sé que en el futuro querré de un modo diferente, desde otro lugar emocional y con un conocimiento distinto. El día de hoy puedo decirte que después de esta historia encontré el amor verdadero, lo siento con una enorme fuerza y me da mucha paz, es hermoso, brilla en todo su esplendor y en su estado más puro, me hace feliz y siempre que pienso en él sonrío, es un amor real y es conmigo.

A medida que pasa el tiempo pensamos que nos conocemos a profundidad, pero no es hasta que vemos en otra persona detalles que nos molestan que nos damos cuenta de dónde viene ese malestar, y es de nosotros mismos. La ley del espejo dice que "el mundo exterior actúa como un espejo reflejando tanto nuestra luz como nuestra sombra, siendo un retrato de nuestro mundo interior". En otras palabras: a veces lo que nos molesta de los demás refleja una parte nuestra que no queremos ver porque nos resulta incómodo reconocerla y mucho más hacer algo para cambiarla.

¿Te ha sucedido que la actitud de alguna persona, ya sea pareja o compañero, te molesta por motivos muy particulares que rechazas con fuerza? Te invito a que medites un momento con las siguientes preguntas:

¿Qué me molesta de esa persona?

¿Por qué siento esa molestia como algo personal?

¿Qué haría si estuviera en su lugar?

¿Alguna vez he tenido que ver con aquello que me molesta?

LEY DEL ESPEJO

Es sorprendente cómo estamos más relacionados de lo que pensamos con aquella incomodidad, que con identificar que lo que no nos gusta en los demás es precisamente un detalle de nuestra personalidad. Te pongo un ejemplo: a mí no me gustan las personas que te juzgan sin conocerte, porque en ocasiones yo he juzgado a otros sin conocer todas las versiones del mismo acontecimiento. Esto se da porque no nos conocemos a profundidad aunque creamos que sí. Reconocer que tenemos errores antes de señalar los de los demás es un ejercicio de humildad muy fuerte, te confronta y te hace ver que la realidad es más compleja de lo que parece.

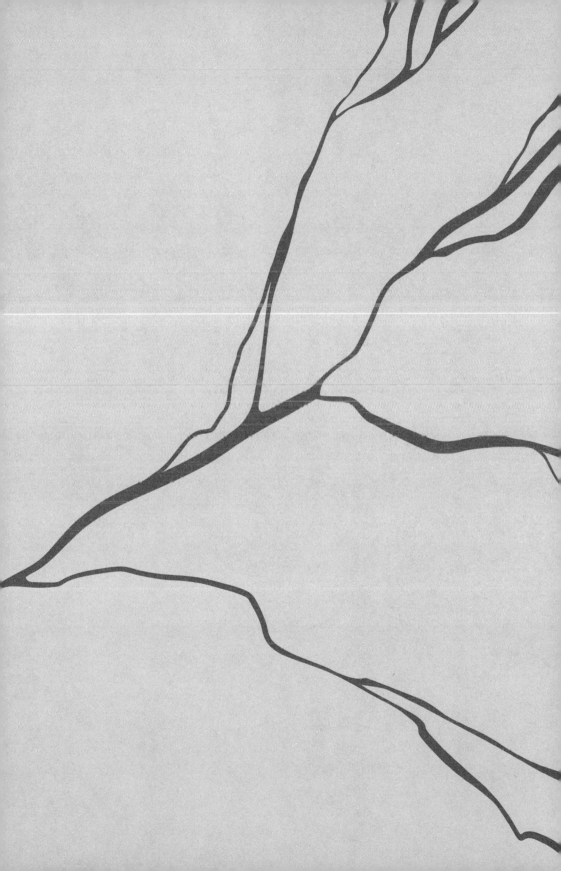

FRAGMENTOS DE ORO

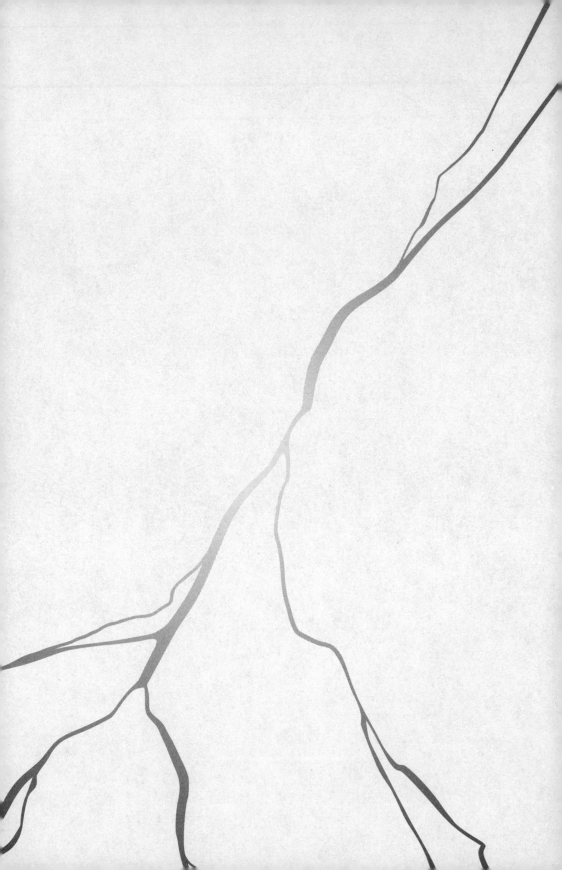

Lo que sé ahora ha sido gracias a haber pasado por una relación real, no ideal. El Kintsugi es la situación que te fragmenta pero también te da la oportunidad de reconstruirte de una forma mucho más bella, sabia y honesta. Yo nunca dejé de creer en el amor porque aprendí que el amor es algo más allá del egoísmo del deber ser, va desde el amor contigo, con tu propia comunicación, de la consciencia de tus límites, de tus ideas; el amor es la compasión, acompañar a la persona con todo y sus procesos. Reconstruirme después de haberme roto ha sido uno de los actos de amor más grandes que he vivido. Yo pude haber dicho: a partir de hoy soy otra Lesslie, ya no creo en el amor. Pero no es así, creo en el amor porque creo en la bondad y hoy empatizo de forma diferente, porque me rompí, y es por eso que hoy soy diferente.

Mi aprendizaje me regaló el amor que me merezco, el que es conmigo desde lo más profundo de mi ser, desde el perdón y la reconciliación. También aprendí a ver mis errores y a crecer a partir de ellos. Soy una mujer completa que tiene enormes cualidades y también tristezas, equivocaciones, dolor, y no pasa nada, todo puede convivir en perfecta armonía si me doy la oportunidad de dejarme ser así, sin exigencias, con cuidado y amor. Llegué a esto porque era necesario y aunque muchas veces le preguntaba a la vida por qué estaba sucediendo de esta forma, fue hasta que guardé silencio y presté atención al universo que comprendí y me reconcilié conmigo misma.

Con cada evento de la vida escucharemos lo que los demás digan, para ellos algunas decisiones serán buenas, otras no, recomendarán, dirán lo que se les ocurra, pero la única persona que tiene la facultad para decir es uno mismo. Por eso, ante relaciones sentimentales llenas de red flags es común que nos digan: ¿por qué seguías?, ¿no te diste cuenta?, ¿por qué permitiste eso? Sus comentarios quizá son desde un lugar de preocupación y amor, pero únicamente tú sabes el porqué de tus acciones y sentimientos. Probablemente el miedo te paraliza y no has podido salir de ahí pero cuando lo hagas, ámate, abrázate, sé bueno contigo y nunca te juzgues con crueldad por lo que sea que hayas pasado.

Las fallas de mi relación con Él las tomé de forma muy personal, como si todo lo malo se tratara únicamente de mí, al grado de que llegué a preguntarme ¿cuál es la mujer ideal y cuál es la mujer perfecta? Uno les va poniendo nombres, figuras y significado a las cosas cuando realmente cada quien está teniendo su vida y viviendo sus propios procesos. Yo me di cuenta de esto demasiado tarde, cuando ya me había provocado un daño mayor porque interpretaba las acciones de los demás, específicamente las de Él, como algo en mi contra y no como parte de sus procesos, ya sea soltar a alguien o pedir soledad. Para Él yo fui muy importante y le aporté muchas cosas, lo mismo de Él hacia mí, todo tipo de experiencias. Cada persona es espejo de alguien más y en esta relación Él era el mío, uno muy grande que me dio un aprendizaje que yo no pedí que sucediera de esa forma, pero era necesario. Con Él aprendí a dejar de satanizar las cosas que hacen las personas y a darme cuenta de que yo tenía que mejorar mi comunicación, primero conmigo y después con el mundo, sin darles gusto a las personas sobre lo que yo quisiera ser.

Me ayudó muchísimo hacer un viaje sola. Nunca había hecho un viaje totalmente sola hasta que tuve necesidad de hacerlo para estar con la persona que iba a darme todo el conocimiento de mí misma, o sea, yo. Fue a tal punto que me reconcilié con la ansiedad que me producía la soledad que hasta aprendí a disfrutarla, a hacer mío mi tiempo, mis pasos, mis decisiones. Me escuché, perdoné mis errores y me felicité por cada cosa valiosa que reconocí de mí. Estuve con mis pensamientos y apagué mi mente hasta que supe qué me habitaba, hablé con mi niña interior, fui a mis heridas y trabajé con ellas.

Tracé metas para mí, que solo dependieran de mis decisiones y no de las de alguien más. Una de ellas fue empezar con lo pequeño, como los hábitos: escribir una hora, meditar, mover mi entorno, hablarme con más amor, regañarme menos y, lo más importante, cuestionarme cada cosa que veía o leía. Dejé de consumir películas y series porque primero quería soltar los mitos del amor romántico e idealizado, quería llegar a mis propias deducciones con mis pensamientos y palabras, con mis dudas. Así, cuando me lo cuestioné todo, encontré mi propio conocimiento.

El proceso más grande que viví y mi situación más fuerte fue haber pasado por esto para darme cuenta de que la única persona que tenía que enamorarse de mí era yo. Tenía que liberarme de todas las expectativas que ponía en alguien más porque significaban una carga. Siempre pensé que la vida tenía que ser como me la habían descrito y que mi tarea era vivir en un completo estado de perfección porque aprendí a romantizar cada aspecto de mí misma. La "desromantización" en mi caso fue escucharme a mí misma y dejar de oír todas las fantasías imposibles que tenía tan metidas en mí, tanto por herencia como por aprendizaje o especulación. Sabes que no es fácil desaprender, es incómodo ver la realidad tal cual es, salir de tu burbuja y confrontarte con realidades que no te gustan, pero lo que no sabes es lo liberador que resulta.

Desromantizar el deber ser: ¿qué es lo que quieres?, ¿cuánto de cada cosa que piensas y quieres de verdad te cuestionas?, ¿qué acciones son totalmente tuyas o aprendidas de los demás? Para vivir este proceso el paso más importante fue escucharme con total honestidad, oír las cosas incómodas pero necesarias que me habitan y que están alrededor de mí, comprender el porqué de cada situación. Existen muchas otras herramientas que pueden ayudar a escucharte y estar en contacto contigo, desde algún tipo de terapia, la meditación, el ejercicio, salir a caminar, pero nada de eso funciona si no estás listo para escucharte. Al final, vas a estar listo cuando tú decidas hacerlo y dar este paso, que es el principio de una nueva forma de vida que siempre ha estado ahí; si decides avanzar para ir en una dirección distinta a la situación que estás viviendo te darás cuenta de quién tiene el control sobre decisiones y sentimientos. Nadie más va a darte las herramientas necesarias, como la voluntad y el autoconocimiento.

Aprendí porque llegué ahí a través del dolor. Estaba destrozada. Cada cosa que imaginé que sería perfecta y por la que me esforcé porque pensaba que era lo correcto o lo que correspondía a mi vida idealizada había salido mal, cada evento juntos o separados significaba un fracaso que me hería enormemente y sobre el cual yo ya no tenía poder porque me sentía muy mal, porque había hecho de esos sueños imposibles mi causa que poco a poco se iba perdiendo. Pasé por un duelo necesario, antes de finalizar la relación, por medio del cual aprendí la importancia de soltar porque ya no me quedaba nada de lo que soñé, mi ego estaba herido y lo único que podía venir después era la humildad. Humildad para aceptar que la vida es así y está llena de aprendizaje y qué hermoso cuando comprendes esas heridas, su origen, su significado y su valor.

En mi proceso de sanación me ayudó mucho entender que todos podemos perder y que eso no significa fracasar. Perder es una oportunidad que te da la vida para encontrar otras posibilidades. La vida se orienta de una forma distinta para que avances por otro camino, quizá más difícil, más sencillo, mucho más interesante, no lo sabemos pero tenemos la oportunidad de descubrirlo si vemos la pérdida como algo diferente a lo que nos enseñaron desde siempre. Muchos de los grandes cambios de vida no los vemos venir pero de una forma u otra los invocamos con nuestras decisiones. Evolucionamos para adquirir distintas experiencias que nos hagan personas diferentes y de nosotros depende qué tipo de experiencias tomemos y en qué nos transformemos. Todo lo que nos rodea tiene un poco de cada uno de nosotros, podemos convivir en armonía con el entorno y procurando un constante aprendizaje, o todo lo contrario, incluso en eso tenemos un enorme poder de decisión.

———

Nunca dejé de creer en el amor pero necesitaba sanarme antes de intentar ver a otras personas. Ya sabía qué no quería de una relación, aprendí a verme con objetividad e identificar las conductas nocivas de mí hacia mí misma para pronto hacerlas a un lado y percibirme con mayor claridad. No quería volver a ser mi enemiga ni juzgarme, sino acercarme al cariño de una forma mucho más sana. Con el paso de los meses y un par de años, conocí a una persona increíble, atenta, madura, leal, con los mismos valores que yo, que respetaba y amaba a su familia de origen, con deseos de formar una familia propia, que me hablaba con total honestidad sobre sus sentimientos y con quien yo también podía ser transparente. En esta persona vi muchas de mis virtudes recuperadas poco a poco y también aquellos errores que no estaba dispuesta a repetir para no vulnerarme ni hacerle daño a alguien más, sin embargo, durante el tiempo que convivimos, supe que yo ya no era la misma, había dejado de romantizar las relaciones y de creer que tenía que llegar a una que fuese la ideal.

Con esta persona me di cuenta de que la fantasía de una relación que había sostenido durante años era solo eso: una fantasía. Toda la vida la sociedad me dictó qué tenía que hacer y cómo, qué tenía que pensar e incluso sentir y cuando tuve la oportunidad de hacerlo simplemente no fue así porque no era lo que sentía. Entonces me dijo: "esto no es lo que quieres, porque no te gusta". Aunque esto se daba como siempre me imaginé, no fue mi deseo. Era el hombre ideal que pedí siempre y a pesar de eso, a su lado no podría tener lo que de verdad quería y que llegó a mí a través de una experiencia y aprendizaje: la libertad. Iba a alejarme de esta persona sin darle explicaciones, pero es lo peor que alguien puede hacer porque no es justo y simplemente significa que no eres capaz de entenderte ni de poner en palabras tus sentimientos y prefieres el silencio.

No hubo rencores porque todo fue desde la honestidad. Nuestros caminos estaban hechos para juntarse en determinado momento y que los dos tuviéramos aprendizaje, pero no para estar juntos por siempre, como era su propuesta. Yo ya estaba en un punto distinto: aprender a amarme sin necesidad de alguien más, con libertad y respeto hacia quien soy y lo que quiero. A veces somos muy exigentes en el sí o en el no y no toleramos que la vida se salga de esas dos líneas. Hoy en día he comprendido que no pasa nada si algo no sale como siempre planeé, cada decisión es producto de un recorrido y cada resultado depende de muchas cosas que no siempre estarán en nuestras manos. Perder un poco el control te lleva a otro lugar, quizás uno desde donde puedas negociar mejor, otro donde aprendas más y recibas mucho amor, nadie lo sabe pero podemos estar abiertos a vivir esas experiencias sin aferrarnos al sí o al no.

Hasta que pude perdonarme supe que estaba lista para perdonarlo. Siempre escribo, necesito poner mis pensamientos en papel y volver a ellos cuando es necesario. Mientras estaba en mi proceso de sanación volví a escribir mucho y un día me conté todo lo que me estaba pasando y cómo me estaba sintiendo realmente. Le escribí al universo: *la persona que llegue a mí no va a callarse lo que siente porque yo no lo haré, tiene que escucharme y escucharse, tiene que sentirse lista para estar conmigo. Y resultó ser Él.*

Estaba segura de que después de mi proceso nuestro tiempo juntos se había acabado, pero Él no lo creía así. Me dijo que no pudo expresarme muchas cosas porque precisamente lo que nunca hubo entre nosotros fue comunicación. Me di cuenta de que era cierto, nunca lo dejé hablar asertivamente en muchos aspectos, estábamos juntos pero en puntos diferentes, con mucho miedo sin decírnoslo porque temíamos las palabras del otro y, aunque yo creía que me comunicaba con Él, nunca es lo mismo cuando una persona solo habla pero no escucha. Hablar solo porque sí no es lo mismo que dialogar.

Él a su modo se había reconstruido y estaba luchando por sanar sus heridas. El aprendizaje fue mutuo, nunca fue sencillo, cada quien tuvo que dejar el ego a un lado y reconocer que había heridas muy profundas que debíamos sanar por separado. Muchas veces no nos damos cuenta de qué nos sucedió y no agradecemos a esas personas o acontecimientos por el impacto que dejan en nosotros porque los vemos a través del dolor y el resentimiento, cuando en realidad hay mucho que podemos valorar de esas experiencias si las tomamos con sabiduría.

¿Por qué Él? Es algo que me he preguntado muchas veces. Pienso que somos almas kármicas y necesitábamos este tiempo juntos para llegar a un punto de crecimiento a través de haber experimentado el amor de formas distintas. Con Él tuve mucha oscuridad pero al mismo tiempo me motivó a salir a la luz. Por su lado, su oscuridad era distinta, ni mejor ni peor que la mía, simplemente diferente. Ambos vivíamos incómodos pero continuábamos juntos a pesar de nosotros mismos. Muchos de los cambios más importantes vienen de las incomodidades con uno mismo o con quienes nos rodean. Pero las decisiones que tomamos para permanecer o no en esa situación incómoda están condicionadas por nuestra historia de vida o la de los otros.

Hemos aprendido a vivir con nuestras incomodidades tan solo para dar una imagen de nosotros que, suponemos, es la que le va a agradar a los demás, y lo hacemos tan convencidos que creemos que esa es la válida. Cuando comprendí que mi esencia iba mucho más allá de esa incomodidad pude despojarme de muchas cosas que me habían acompañado, desde las más simples y superficiales, como uñas o pestañas postizas, hasta las más profundas, como ciertos sentimientos. Hoy, desde una total libertad, elijo sentirme bien conmigo y elijo regresar a ello únicamente si yo quiero, no por darle una imagen perfecta a alguien más. Cuando decides soltar la incomodidad estás en otro punto, física y emocionalmente.

Llegó el momento en el que me pregunté sobre mis incomodidades (emocionales, físicas, personales), qué tanto de eso viene de mí y qué tanto de los demás. Me ha ayudado ser consciente de que vivir fuera de personaje es sano, ser yo con todas mis virtudes y errores me hace lo que soy: una humana como cualquiera, una mujer que quiere evolucionar, aprender, amar con libertad, desromantizar y escucharse para ser la mejor versión de sí misma, la Lesslie real, simplemente Lesslie. Siempre me había tocado poner primero a Lesslie Polinesia y cada vez escuchaba menos a mi yo vulnerable, mi yo real. Me ha costado mucho trabajo sacar a Lesslie de un personaje de idealización y escucharla. Cuando encuentro el equilibrio es cuando me siento más en paz con quien soy y con lo que deseo.

En este momento sigo evolucionando y creciendo, quiero estar bien conmigo porque soy la persona más valiosa de mi vida y nunca lo vi de esa manera. Antes me enojaba mucho cómo reaccionaban los demás ante ciertas circunstancias y no veía que yo era igual, que me molestaban cosas de los otros porque yo veía en ellos un reflejo de mí y de mis fallas, era inflexible con ellos ante lo que consideraba que eran errores porque yo no me concedía libertad para equivocarme aunque los errores fueran, curiosamente, el camino más sencillo para aprender. Me juzgué mucho y me perdoné poco hasta que llegó el momento de ser flexible y comprender que todo tiene movimiento y es modificable, que la vida cambia tus planes y si no estás abierto a ello el golpe de realidad es muy fuerte. Hoy me perdono, me valoro, me aplaudo porque sé que cada cosa que suceda, dentro o fuera de mis planes, viene con un aprendizaje enorme y después de eso tendré más sabiduría de la buena, la que te reconforta.

Hay tiempo para todo. A mí me sucedió en este momento de mi vida, a otros les pasa más jóvenes, a unos les sucede siendo mayores o nunca lo experimentan. Al final cada persona vive su proceso y para mí lo único válido es no vivir como víctima porque no lo soy, simplemente me tocó vivir una situación que no estaba en mis manos y quizá no la llevé de la mejor forma pero hoy la agradezco porque por ella tuve el crecimiento más importante y pude experimentar una reconstrucción de mí misma que conlleva el amor más grande.

Nunca serás la misma persona que ayer porque cada experiencia te aporta conocimiento distinto aunque conserves tu esencia y eso es increíble. Somos seres sensibles que aprendemos desde el día uno de acuerdo con lo que nos enseñaron y si nos mantenemos abiertos y receptivos jamás dejaremos de aprender, pero ¿qué tipo de aprendizaje nos interesa?, ¿acaso te lo preguntas? Yo no lo hice la mayor parte de mi vida hasta ahora que empecé a ser consciente del poder que me habita: el de los pensamientos, la palabra, las decisiones, mis emociones. Tu evolución estará marcada por las decisiones del día a día. Tomas una decisión y te cambiará toda la vida. Tan grande es el poder de lo que, sin darte cuenta o teniéndolo muy presente, deseas para ti y los que te rodean.

Enamorarte de ti es la tarea más difícil, aceptarte con tus defectos, no cambiarlos, aunque si quieres cambiarlos, hazlo, pero sé honesto contigo. Realmente yo me gusto así y no voy a cambiar por nadie porque me siento bien, y si quieres un cambio que sea por ti y no porque no te ajustas a los estándares de alguien. Esto es algo que no hacemos comúnmente en la relación, al contrario, le pedimos al otro que cambie por nosotros pero no le damos prioridad a que su cambio sea para él mismo. Si no eres sincero contigo nunca podrás ser sincero con los demás y menos en pareja.

Siempre pensé que el amor de pareja era mi prioridad, un amor perfecto como siempre lo deseé. Al día de hoy para mí el amor es diferente, comienza con uno mismo y puede abarcar muchas otras experiencias, algunas nuevas que iré conociendo con el paso del tiempo, distintas realidades que quiero asumir con todo el amor que habita y un mejor conocimiento de mí misma. Pasamos por mucho para tener el regalo más grande, que es esta enorme felicidad con uno mismo, con un ser que nunca dejó de creer

en el amor y lo experimenta de formas distintas, una Lesslie sensible, so-
ñadora, enamorada de cada día y ansiosa por ser la mejor versión de sí.

Tú eres primero

Sé generoso y gentil contigo

Confía en el proceso

Todo dolor pasará y será parte de las cicatrices
que marcarán el resto de tu vida

No tengas miedo a mostrarte
vulnerable

Sé real contigo y todo estará bien

Con amor te comparto esta historia que viví y probablemente jamás la
hubiera contado, pero una vez una persona me dijo: escribe como si nadie
fuera a leer tu historia. Puede que sea un poco dolorosa pero no hay necesidad de ocultarla por la falsa creencia de que se trata de un fracaso; no es
así, caer y volver a levantarse es solo parte del proceso.

Hoy abrí mi corazón en lo más puro de mi ser, lista para contarte esto.
Si tú viviste, vives o vivirás algo por el estilo quiero decirte que no estás
sola. Todo pasa para crecer como seres humanos, pero, por difícil que
algo sea, que eso no te quite las ganas de seguir soñando con una vida
que es bella. Mira tus cicatrices y abrázalas con mucho amor porque eso
te ha hecho la hermosa persona en la que te has convertido, en tu propio
Kintsugi del alma.